［あじあブックス］
051

弥勒信仰のアジア

菊地章太

大修館書店

目次

第四章　中央アジアへ……135

第五章　ふたたび韓国へ……171

カバー写真　灌燭寺弥勒像（著者撮影）

プロローグ

韓国から

頭でっかちの仏像

その弥勒《みろく》像は韓《ハン》さんといっしょに見に行った。

韓さんは大田《テジョン》の大学の先生で、近代の日本文学を専攻している。日本の大学に留学していた。

韓さんは日本が好き。わたしは韓国が好き。

韓国のお寺に行くと、韓さんは決まってこう言う。「韓国では仏像が古びてくると、すぐに金色に塗りかえるから、ありがたみがないよね。京都や奈良の仏像のように古色蒼然《こしょくそうぜん》としているほうが仏像らしい」などと、古色蒼然としたことばを使う。

わたしも決まって反発する。「いや、ぼくはそう思わない。仏像をつねに新しい姿にするのは、信仰が生きているからじゃないか。日本では、もともと人がおがんでいたものが美術品になりさがってしまったんだ。」

いつもこんな調子である。


その韓さんにたのんで、灌燭寺《クァンチョクサ》の弥勒像を見につれていってもらった。

灌燭寺は忠清南道《チュンチョンナムド》の論山《ノンサン》にある。韓さんの住む大田の町からは車で一時間くらいのところ。

駐車場から長い参道を歩いて山門にいたる。両脇にはみやげもの屋が数軒ならんでいる。

道すがら韓さんは、こう言った。「今から見に行く像は、頭がやたらと大きくてヘンなものだよ。

あまり期待しないほうがいいよ」と。見てガッカリしないように、あらかじめ教えてくれたのである。もっと他にいい仏像がいっぱいあるのに、あんたも物好きだね、とも言いたそうだ。

山門をくぐると、はたして目の前に巨大な石のかたまりが現れた。目がギョロッとしていて、なるほど頭がでかい。韓さんの言うとおりヘンな像である。あまりにその姿かたちが異様なので、かえって目をそらすことができないでいる。

灌燭寺弥勒像（忠清南道論山郡）

人を感動させるものは、かならずしも美しいものとはかぎらない。これはこれで圧倒されるような迫力を持っている。わたしも韓さんも、しばらくは声が出ない。

なんでこんなヘンな像ができたのだろうか。頭ばかり妙に大きくて、胴体は寸づまり。しかもこれと同じような像が、よそにいくつもある。どれも弥勒の像なのだ。

未来に現れる仏

韓国では、どこに行っても弥勒の像によく出会う。

古くは三国時代のものがある。韓半島（朝鮮半島）が高句麗《コグリョ》と百済《ペクチェ》と新羅《シルラ》にわかれて争っていた時代である。日本ではようやく歴史がはじまろうとするころだ。そのころすでにたくさんの弥勒像が作られていた。

それからずっと弥勒の像は作られつづけてきた。

古代から現代までとにかく弥勒である。なんでこんなに弥勒が信仰されているのか、と思うほど弥勒である。

韓国は、弥勒信仰の国といっても言いすぎではない。

弥勒とは、仏教の教えでは、未来に現れる仏であるという。

これはずいぶんおおざっぱな言いかたである。仏教といっても、インドのそれと日本のそれとではたいへんな違いがある。また同じ国でも時代によって移りかわりがあるだろう。たとえ同じ時代でも、えらい坊さんたちがあがめる仏教と、庶民がたのみにするそれとは、かならずしも一致しないような気がする。そういったことどもは、本書において少しづつ考えていこう。

まずは、「弥勒とは、仏教の教えでは、未来に現れる仏」というところからスタートしたい。未来仏である弥勒。

なぜ弥勒か？

ところで、どんな仏さまが信仰されているかは、国によってさまざまである。もちろんひとつの国の中でも、地域によって時代によって変化があるだろう。

いまの日本でさかんに信仰されている仏さまというのは、あまりたくさんはなさそうだ。すぐに思いうかぶのは、お地蔵さまと観音さま。道ばたやお墓でよく見かける。商店街ならお不動さんに出会うこともある。お寺にはやはり阿弥陀仏が多いのではないか。

弥勒はどうだろうか？

地域によってはあるかもしれない。熱狂的に信仰された時代も、日本の歴史の中になかったわけではない。しかし阿弥陀仏のように長い間ではなかった。弥勒は日本でおおいに信仰された、とは言えそうにない。弥勒の像を道ばたで見かけることなど、まずない。お地蔵さまなら、うちの小さい子どもたちだって知っている。

となりの国々に目を転じよう。

韓国でも地蔵と観音と阿弥陀は、やはり目につく。しかし、なんといっても圧倒的に多いのは、先ほど述べたとおり弥勒である。

中国ではどうか？

観音の信仰はそこでもさかんである。道教のお寺にもまつられている。弥勒については、これはとうてい一口には言えない。ある時代には、だれの目にも明らかなくらい、おおっぴらに信仰された。ある時代には、目につかないように、……ということは、かげにかくれて信仰された。長い歴史の中で、あるいは社会のおもてで、あるいはうらで、それは信仰されていた。

ベトナムでは？

人々が求めてきたのは、地蔵でも観音でも阿弥陀でもない。それはやはり弥勒であった。

アジアの国々では弥勒が信仰されつづけてきた。なぜだろうか？

なぜアジアか？

アジアの国々で弥勒がさかんに信仰されてきたわけを、これからさぐってみたい。それを手がかりとしてアジアの歩みをふりかえる。――それが本書の目標である。

本書の題名は『弥勒信仰のアジア』である。『アジアの弥勒信仰』ではない。アジアのいくつかの地域に見られる弥勒信仰を平面的に羅列することを、本書はめざしていない。弥勒信仰という切り口で、アジアのたどった歴史のひとすみをとらえてみたい。弥勒を信仰しつづけてきたということの中に、苦難にありつつも希望を未来にたくしてきたアジアの姿がある。だから『弥勒信仰のアジア』なのだ。

アジアを「苦難」ということばで形容するのは、つきなみすぎよう。アジアをみじめなものと見るのは、かつてのヨーロッパ人の見方だった。今さらそんな見方は通用しないが、しかし今なおそんな見方しかしない人もけっこういるのではないか。アジアのいくつかの国は、いまや着実に経済力をつけ、エネルギーにあふれている。

しかし、わたしたちが想像もつかないようなところで、まだ苦しみの中にある国も少なくないだろう。戦争も貧困もなくなっていない。それはきのうのアジアのことばかりとは言えない。

アジアの仏教圏において、未来仏弥勒が信仰された時代や地域をかえりみると、そこにはなんらかの共通性があるように思われる。それは王朝や国家が滅亡にひんした混乱のきわみであることが多かった。それはいずれも苦難の時代であった。現在の世にもはや救いが求められないとき、人々は未来に希望をたくすほかなかったのか。

弥勒の信仰をつうじてアジアの苦難の歩みが見えてくる。
このことばからはじめよう。

苦しみのアジアがある。

第一章

韓国にて

韓国一の石像

灌燭寺には、その後も何度か行った。

寺のある忠清南道は、大韓民国のまんなかの西よりに位置する。論山郡はその南の全羅北道《チョルラブクド》と境を接するところにある。

寺は十世紀の創建という。高麗《コリョ》時代のはじめにあたる。

三国のうち、もっともおくれて出発した新羅が、高句麗と百済を滅ぼして韓半島を統一し、統一新羅王朝を建てた。七世紀の後半である。統一新羅は二百数十年つづいて、その末期に国はふたたび分裂した。その中から現れた高麗王朝が、十世紀のはじめに韓半島を再統一した。

灌燭寺の弥勒像は、記録によれば九六八年に作られたという。花崗岩でできた像である。高さが十八メートルある。石仏としては韓国で最大だそうだ。

この弥勒像は、頭ばかり妙に大きくて、胴体は寸づまりだった。

ところでこれと同じような像が、よそにいくつもある。どれも弥勒の像である。たいていは忠清

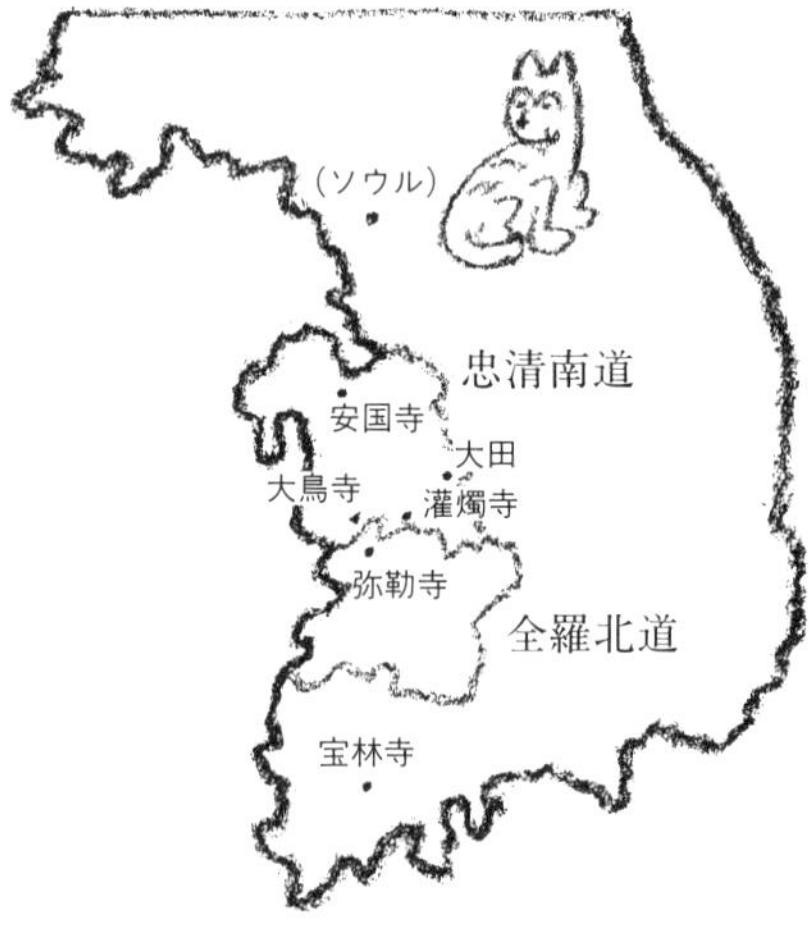

南道と、そのとなりの全羅北道にある。

忠清南道と全羅北道という、かつての百済の中心であった地に、やたらと頭の大きな弥勒の巨像がたくさん残っている。

なぜ百済なのか？　なぜ巨像なのか？　なぜ頭が大きいのか？

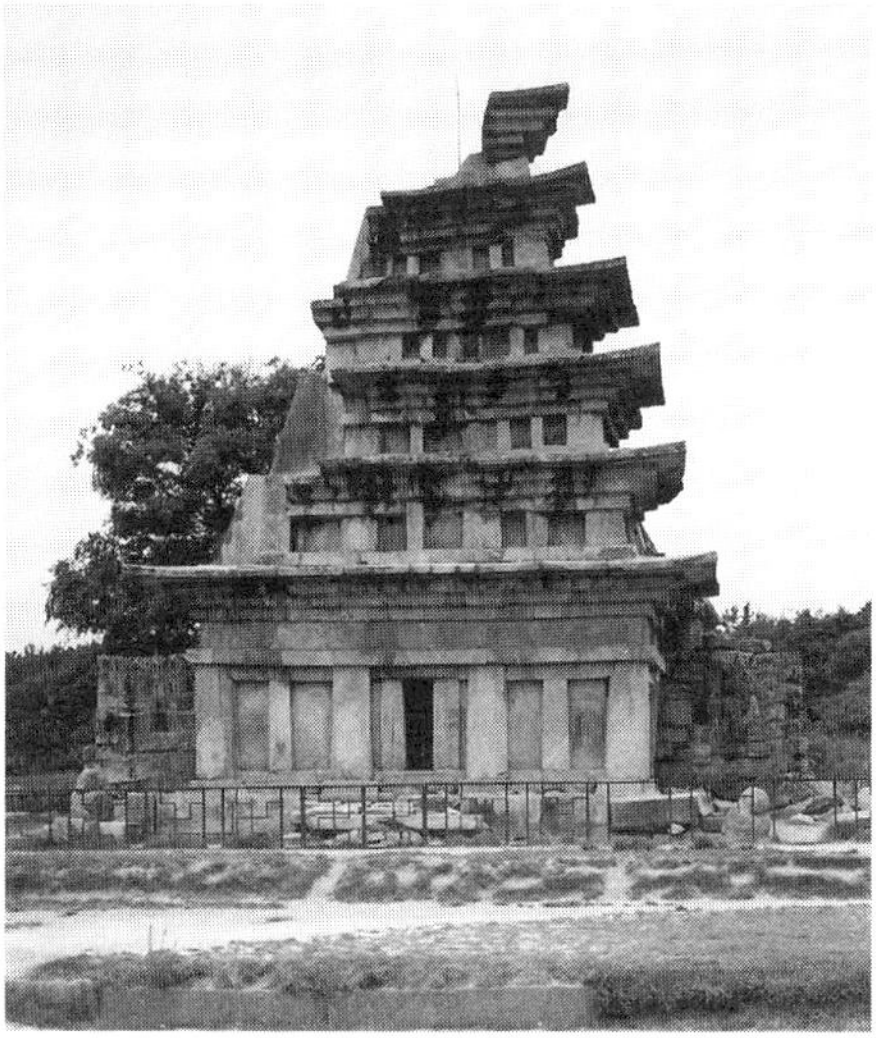

弥勒寺西塔（全羅北道益山郡）

なぜ百済か？

灌燭寺を見にいったのとは別の年に、やはり韓さんの車で、全羅北道の益山《イクサン》にある弥《ミ》勒《ルク》寺《サ》の廃墟につれていってもらったことがある。

山すそのなだらかな土地は、見わたすかぎり何もない。そこに、なかばくずれた巨大な石の塔が、ぽつんと建っている。

韓国には木造の塔のほかに、石でできた塔がたくさんある。堂々とした立派なものが多い。

弥勒寺の発掘調査（1980年撮影）

ここにあるのは、韓国に残っている石塔のうちもっとも古く、もっとも大きな石塔だという。

一九七四年に地元の大学によって発掘がはじめられた。一九八〇年からは大韓民国の文化財管理局がのりだして、全面にわたる発掘を行なった。それによって、古代の韓半島において最大の規模をほこる寺院だったことが明らかになった。

現在ある塔は、六層まで残っているが、もとは七層だった。たいてい塔の上にはとんがった棒がのっているから、もとはかなりの高さだったろう。くずれた残りだけで高さが十四メートルもある。それだって、かつて塔が三つあったうちの小さい方の西の塔であることもわかった。できたときは塔が三つ、金堂も三つ、大講堂がひとつという、たいへんな大きさの寺院だったのである。

弥勒寺は、百済の武王《ムワン》のとき創建された。七世紀の前半である。

寺の創建については伝説がある。

ある日、武王が道すがら池のほとりを通ると、おもむろに弥勒が水面から現れ出た。王は車をとめて弥勒をおがんだ。奥方は感激のあまり、ここにお寺を建ててほしいと願った。王は、ある坊さんのもとへ行って、池を埋めたてる相談をした。すると坊さんは一晩のうちに山をくずして池を埋めてしまった。弥勒が三たび人びとに教えを説くのにちなんで、仏殿と塔と回廊を三カ所に建て、弥勒寺と名づけたという。

この話は、高句麗と百済と新羅の三国にかかわる歴史や伝説を記した『三国遺事《さんごくいじ》』に記されている。

『弥勒への約束』

弥勒が三たび教えを説くというのは、『弥勒への約束』というお経に見える（これからは『約束』と略したい）。

弥勒がいつかこの世に現れ、真理にめざめることを語ったお経である。

真理に「めざめた人」のことを、インドの古いことばで「ブッダ」と呼んだ。仏教が中国に伝わったとき、この外来語の音をさまざまな文字で写したが、しだいに「佛陀」が多く用いられるようになった。今の日本では「仏陀」という常用漢字をあてている。仏陀とは、つまり真理にめざめた人のことを言う。

生まれては死に、死んでまた生まれ変わる、そのくりかえしの中で、人はいつか真理にめざめ、仏陀となることができる、と仏教では考える。

だれでもが仏陀になれる、というのがひとつの大きな原則である。しかしそれは、そうかんたんなことではない。だれでもが仏陀になれる、とは言っても、ほんとうに仏陀になるためには、すさまじい意志と努力と、とてつもなく長い時間が必要なのである。

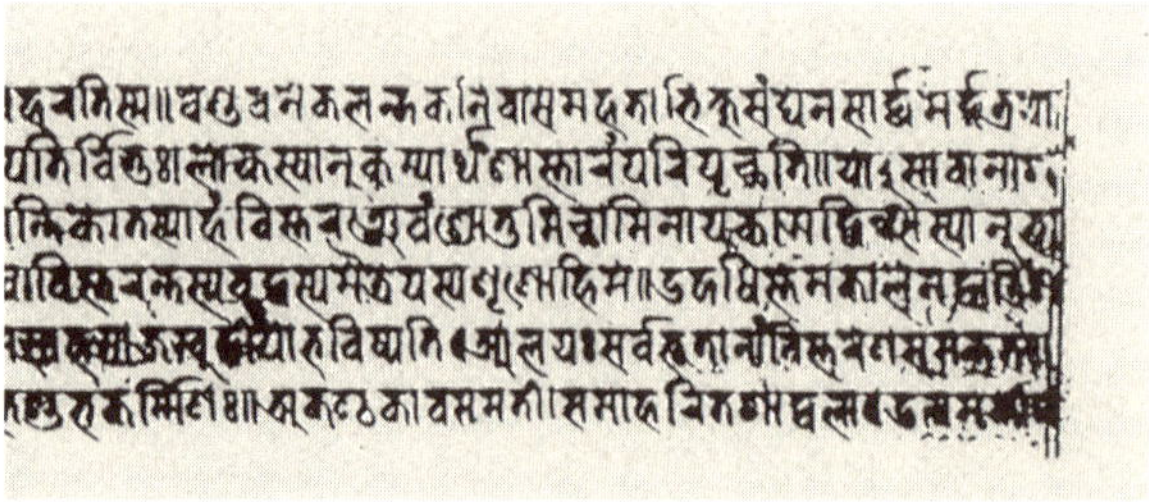

インドの釈迦《しゃか》族の王子であったゴータマ・シッダールタ（この人をふつう釈迦と呼ぶ。以下はそのように呼ぼう）が、二千五百年も前に真理にめざめて仏陀となった。それから今にいたるまで、だれも仏陀になったものはいない。これから先もしばらくはいないだろう。

釈迦はかつて仏陀になった。しかし仏陀は釈迦だけではない。いつか遠い未来に、真理にめざめて仏陀となる人もいる。そのことを釈迦が予言している。それによれば、弥勒もやがて仏陀になるという。釈迦は約束した。それを語ったのが『約束』である。

もとはインドの文語とも言うべきサンスクリットで書かれていた。写本が三つ伝わっている。チベット語の訳本もある。中国語にも訳された。何度も翻訳されたことが記録からわかるが、残っているのは五つである。

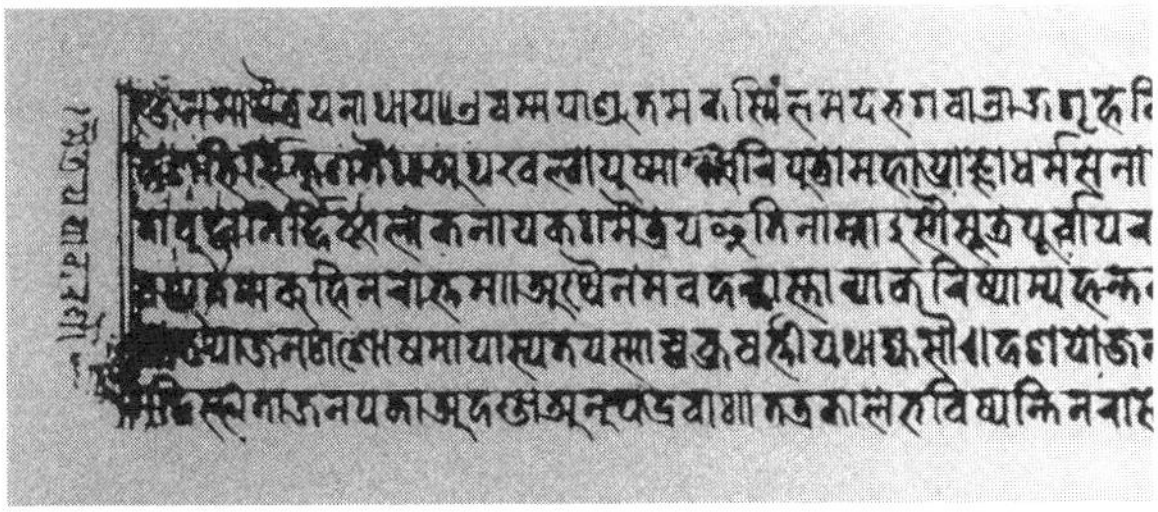

『弥勒への約束』
（サンスクリット写本、ベンガル・アジア協会）

弥勒の到来

『約束』に語られていることは、弥勒が遠い未来にこの世に現れ、かつて釈迦が真理にめざめて仏陀となったように、真理にめざめて仏陀となる話である。

ついでに言えば、真理にめざめようと努力している人を、仏教では菩薩《ぼさつ》と呼ぶ。だから、仏陀になる前の弥勒は菩薩である。弥勒菩薩と通称される。

弥勒が菩薩から仏陀になろうとして、この世に現れることを「下《げ》生《しょう》」と言う。この世にくだってきて生まれるからである。くだってくるというからには、それまでは上の方にいるのだ。弥勒菩薩は今のところ、兜率天《とそつてん》という名の、神々が住む天界にいる。
仏教では空の上にいくつもの天界があると考える。兜率天はそのひとつ。もっと上に有頂天《うちょうてん》というのもある。そこはよっぽど楽しいところなのだろう。年じゅう天女が踊ってるにちがいない。
では、弥勒が兜率天からくだってきて、この世に現れるのはいつなのか？

それはとほうもなく遠い未来である。『約束』によれば、人間の寿命が八万歳になったときだという。そのときには転輪聖王《てんりんじょうおう》という理想の王さまが世を治めているそうだ。

この転輪聖王について語ったパーリ語のお経がある。パーリ語というのは、インドの古い俗語である。次のように言う。――

人間の寿命はもともと八万歳だった。しかし、世間にいつわりがはびこるようになって、寿命が四万歳に減った。それから人間はますます悪くなり、寿命がどんどん減っていった。二万歳から一万歳へ、五千歳から二千五百歳へ、千歳から五百歳へ、……そのうち百歳になり、しまいには十歳になってしまった。よい行ないをしようなどという人間もいなくなった。それではいけないので、よい行ないを心がけるようになって、寿命が二十歳に増える。そのうち四十歳になり、八十歳になり、だんだん増えていって、やがて四万歳になり、ついに八万歳になるという。――

それは想像を絶するような遠い未来のことである。『約束』に、人間の寿命が八万歳になったときとあるのも、同じことを意味している。

そのとき、弥勒菩薩がこの世に下生して仏陀になるのだ。

中国語に訳された『約束』は、このことを題名にかかげている。『弥勒下生経《みろくげしょうきょう》』という。あるいは『弥勒下生成仏経《みろくげしょうじょうぶつきょう》』という題名もある。下生して「仏《ブッダ》に成る」ことを意味する。とりあえず、まとめて『下生経』と呼んでおく。

三たびの説法

百済の弥勒寺にもどろう。

その創建の伝説に三たび弥勒が教えを説くとあったのは、この『約束』に出ている話である。直接の典拠となったのは、中国語訳の『下生経』にちがいない。

弥勒は真理にめざめた。そして人々に教えを説いた。最初の集まりで弥勒が教えを説くと、九十六億の人々が真理にめざめようとこころざすという。二度目の集まりで教えを説くと、九十四億の人々が真理にめざめようとこころざす。三度目の集まりで教えを説くと、九十二億の人々が真理にめざめようとこころざす。

中国語訳の『下生経』では、これを「弥勒の三会《さんね》」と呼んでいる。

弥勒寺の伝説によれば、池の中から弥勒が現れ、弥勒が三たび人々に教えを説くのにちなんで、仏殿と塔を三カ所に建てたとされる。

これは、いったい何を意味するのか？

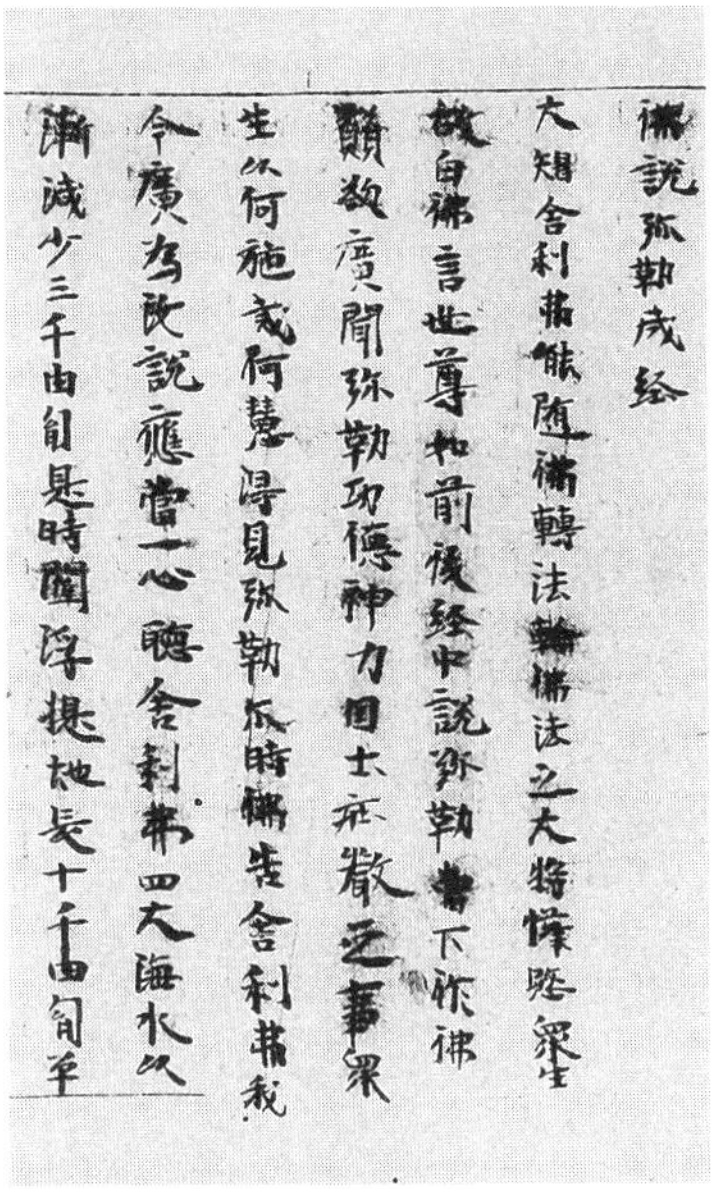
佛説弥勒成経
大智舎利弗能随佛轉法輪佛法之大将憐愍衆生
故白佛言世尊如前後経中説弥勒當下作佛
願欲廣聞弥勒功徳神力国土荘厳之事衆
生以何施戒何慧得見弥勒尓時佛告舎利弗我
今廣為汝説應當一心聴舎利弗四大海水以
漸減少三千由旬是時閻浮提地長十千由旬平

『弥勒下生成仏経』（敦煌写本ペリオ 2071、フランス国立図書館）

弥勒は百済に下生する。そしてこの地で三会の説法をするという。未来の理想の世界が、百済に実現するのである。百済こそは弥勒下生の地ということになる。そこが理想の国になるわけだ。

ここには百済の人々の願いが表れている、とは言えないだろうか。

国をあげて弥勒の下生が期待されたのである。

百済の総力をかけた弥勒寺の造営は、長い年月におよんだ。いつ完成したのか記録がない。完成後まもなくか、あるいは完成を待たずしてか、六六〇年に百済は新羅に滅ぼされた。それとともに百済人の弥勒信仰は歴史のおもてから消えた。しかし、それは十世紀に高麗王朝のときよみがえる。それについては、あとでまた考えてみたい。

ここでは、弥勒寺の伝説の中で、弥勒が池から現れ出たとあったことにも注目しておきたい。なぜ灌燭寺の弥勒像が頭でっかちなのかを考えるうえで、だいじなヒントになるだろうから。

なぜ巨像か？

灌燭寺の弥勒像は、高さが十八メートルある。なぜこんな大きな像が作られたのか？

『約束』には、弥勒がこの世に現れるときの姿について書いてある。

サンスクリット本の『約束』には、肘の長さの五十倍の高さとある。八十倍とする写本もある。

肘の長さを基準にした単位は、サンスクリットやギリシア語のようなインド・ヨーロッパ語族のことばにはしばしば見られる。肘から中指の先までの長さである（インドでは親指の幅の二十四倍とする）。もちろん民族によって違いはあるが、四〜五十センチくらいだろう。仮に五十センチとして、その五十倍なら二十五メートル、八十倍なら四十メートルにもなる。そんなばかでかい人間がいるのかというと、いるわけないのだが、仏教のお経には、これがよく出てくる。

人間の寿命が減ったり増えたりして、とうとう八万歳になるというのは、前に述べた。今とは比較にならないほど背が高くなるというのも、おそらくはこれに連動して考えだされたのではなかろうか。時間の長さを空間の大きさにも対応させたのである。ふつうの人間でさえ、みな何十メートルもの背丈になるそうだ。

中国語訳の『下生経』のひとつは、これをそのまま「身長八十肘」と訳した。しかし、肘の長さによる測りかたは、中国人にはなじまなかったらしい。たいていは手の長さの方を基準にした尺《しゃく》丈《じょう》に直している。「身長千尺」というのもある。こうなったらもう翻訳ではない。ひたすら大きいということが言いたいのだ。白髪三千丈《はくはつさんぜんじょう》の世界である。

弥勒が巨大であるとしたら、それはこの世に下生した姿ということになる。

インダス川上流で

五世紀のはじめに法顕《ほっけん》という中国の坊さんがインドに出かけた。

たいへんな困難をもかえりみず、歩いてインドまで向かったのは、お経をさがすためであった。法顕の時代にはすでに仏教経典はかなりもたらされ、翻訳もさかんに行なわれるようになっていた。しかし足りないものもたくさんある。だれかが運んでくるのを待っていては、らちがあかない。そこでみずからお経の本家本元まで取りに行くことにした。

インドにお経をさがしに行った坊さんならば、孫悟空《そんごくう》がおともをした三蔵法師《さんぞうほうし》が有名だ。これは唐の時代の玄奘《げんじょう》がモデルだという。しかし他にもたくさんの坊さんがインドに旅している。中国人ばかりではない。韓国の坊さんもいる。実際には行ってないが、行こうとくわだてた日本の坊さんもいた。法顕は彼らの大先輩である。

法顕は中国を出発し、中央アジアの砂漠をこえて、インダス川上流のダレルまで来た。そこには木でできた巨大な弥勒像が立っていた。高さは八丈あったと、のちに法顕は記している。一丈の長さは時代によって異なるが、法顕の時代ならおよそ二メートル半。八丈だと二十メートル近い。

この像ができたのは、釈迦が亡くなってから三百年ばかりのちだと法顕は聞いた。

釈迦が亡くなったのはいつか、正確にはわかっていない。いろいろな説がある。だいたい紀元前五世紀から四世紀にかけてだという。その三百年後なら、紀元前二〜一世紀ということになる。しかし、そのころはまだ釈迦の像さえ作られていない。弥勒の信仰だって、はじまったかどうかわからない。だから、そんな昔に弥勒の像などあるわけもない。

ダレルの弥勒像は、いつできたかわからない。法顕が見ているのだから、五世紀のはじめにあったことはまちがいない。法顕より前には記録がない。法顕の後には、何人かの中国の坊さんがこの像を見ている。七世紀にインドに出かけた玄奘も見ている。今は残ってない。

法顕にややおくれてダレルの巨像を見た宝雲《ほううん》は、これを「弥勒が仏陀となった像」と記した。弥勒がこの世に現れ、真理にめざめて仏陀となった姿であるという。そのときは、理想の世界が実現しているときである。

巨大な弥勒像というのは、弥勒がこの世に現れた姿である。巨大な弥勒像が作られたということは、そのとき理想の世界が地上に実現していることを意味した。

法顕像（炳霊寺石窟第 169 窟）

砂に埋もれた寺

法顕の時代の中国は、南北に分裂していた。そのうちの北のほう（かりに北中国と呼ぼう）には周辺の民族がどっと流れこんできて、次々と国を建て、建てては滅び、滅んではまた建てるというありさまだった。そのもっとも西に北涼《ほくりょう》という国があった。

北涼の王であった沮渠《そきょ》氏の一族は、四四五年に弥勒像を作らせている。像そのものは残っていないが、その由来を記した石碑が残っていた。

この石碑は、二十世紀のはじめに、砂に埋もれた寺のあとから発見された。現物はドイツの探検隊によって持ち去られ、ベルリンのインド美術館に所蔵されていた。ところが第二次世界大戦のとき爆撃によって破壊されてしまったのである。写真と拓本だけが残った（現在はこれをもとにしたレプリカが展示されている）。石碑には張りつめた表情の文字が刻んである。四年がかりで弥勒の像を作ったと記されている。

北中国では、北方からおこった北魏《ほくぎ》がしだいに勢いづき、まわりの国々をどんどん倒していった。そして最後に残った北涼を、四三九年に滅ぼして北中国を統一した。このとき沮渠氏は西にのがれた。そして高昌《こうしょう》（カラコージャ）まで来て、四四四年にその地を治める。しかしこれも十数年で中央アジアの柔然《じゅうぜん》（アヴァール?）によって滅ぼされた。

沮渠氏が巨大な弥勒像を作らせたのは、北涼が滅亡し、一族が高昌に移った翌年であった。

沮渠安周造像碑（ベルリン・インド美術館旧蔵）

高昌故城の遺跡（新疆ウイグル自治区）

弥勒の像を作るとき

巨大な弥勒像が作られたということは、そのとき理想の世界が地上に実現していることを意味した、と先ほど書いた。

それならば、地上はじっさいに理想の世界だったのか？　理想が実現されつつあったのか？

どうもそのようには思えない。

むしろ理想とはほど遠い状態だったのではなかろうか。あまりにも悲惨だったので、理想の世界になってほしいと心から願って、人々は弥勒の像を作ったのではないか。理想は実現されてなどいないのだ。むしろ、そうなることへの願いだけがあったのではないか。

中南米にコスタリカという国がある。スペイン語で「ゆたかな海岸」という意味である。どのくらいゆたかな国なのか、行ったことがないからわからない。似たような地名はスペインの海岸にいくらもある。小さな漁村ばかりだ。どこも車で通りすぎただけだが、お世辞にもゆたかには見えなかった。でも、そういうものだろう。ゆたかでないからこそ、ゆたかでありたいと願って、名をつけるのだろう。

理想とはほど遠い、悲惨のきわみだからこそ、なんとかいい世の中になってほしいと願って、理想の世界に現れるという弥勒の像を作るのだろう。あるいは弥勒の像を作って、理想の世界を早くもたらしてほしいと、弥勒に祈るのだろう。

理想の世の中に近づいてきたから弥勒の像を作るのでは決してあるまい。かえって理想にほど遠いから、弥勒の像を作るのではないか。一日も早くこの悲惨を取りのぞいてほしいから、弥勒の像を作るのではないか。世に現れるときの巨大な姿をこしらえて、弥勒にすがるのではないか。

国をあげて

百済は国力を結集して、三国一の規模をもつ弥勒寺を造った。そして理想の世界が百済の地に実現することを願った。しかしその造営が終わるか終わらないかのうちに百済は新羅に滅ぼされた。

これは北涼の場合とどこか似たようなところがないか？

国が滅びそうなときに弥勒がたよりにされているのだ。

たんに一国が危機にさらされたときばかりではない。ある民族がしいたげられているとき、ある地方が踏みつけられているとき、ある人々が苦しめられているときも、きっとそうだったろう。

高麗時代になると、かつての百済の地にたくさんの弥勒の巨像が作られた。そのとき、かつての百済の地はどのような状況に置かれていたのか？　その地の人々はどのような境遇にあったのか？　旧百済の地に作られた弥勒の巨像。しかもそのいくつかは、灌燭寺の像と同じように頭だけが異様に大きいのだ。

なぜ頭が大きいか？

韓国で出版されている仏像の本を見ると、灌燭寺の弥勒像について、いかにも稚拙だと書いてあるものが多い。均整がとれていないとか、巨石をもてあましているとか、とにかくほめているものが見あたらない。技術のよしあしはとにかくとして、たしかに上半身が大きすぎる。だれもほめたがらないのはムリもない気がする。

なぜこんなにぶかっこうなのか？

それにはちゃんとした理由がある。

じつは、この弥勒像は今まさに地面から出てくるところなのだ。まだ完全には出きっていない。下半身は地面の下にある。だから上半身だけがむやみと大きく、頭でっかちに見えるのだ。

それにしては足の指が彫ってあるのはおかしい、という人がいるかもしれない。たしかにそのとおりである。足の指のない像なんてヘンだと勘違いした石工が、ご苦労にも彫ってしまった。ほんらいはなくてよいのである。少なくとも理念としてはそうなのであった。

下半身がまだ地上に出きっていない姿で作られた像が、よそにもたくさんある。

韓国全土にわたって弥勒像を調査した金三《キムサム》龍《ヨン》氏は、これを「下体埋没仏」と呼んだ。しかし、決して埋没してしまったわけではなく、これから現れ出ようというところなのである。だからこの名称はあまり適当ではない。

それにしても金三龍氏の研究によって、この地上出現途中の弥勒像が韓国にたくさん残されていることが明らかになった。その分布状況もおおよそわかった。これもやはり弥勒の巨像と同じように忠清南道と全羅北道に多い。

弥勒像（忠清南道礼山郡、金三龍氏撮影）

出現伝説

弥勒が地中から現れる、というのは何かを思い出さないか？

そう。百済の弥勒寺の伝説である。

そこでは池の中から弥勒が現れたとあった。水面から現れたのと、地面から現れたという違いはある。しかしそれは大きな違いではないと思う。どちらにしても天からくだってきたのではない。大地の底から現れ出たのである。そのようにして、弥勒がこの世に到来したのである。くだってきたわけではないが、たしかに「下生」したのである。

灌燭寺の弥勒像については、その由来を記した石碑がある。次のように書いてある。——

村の女が裏山でワラビをつんでいたときのことである。どこからともなく子どもの声が聞こえてきた。声の方へ行ってみると大きな石が地面をつきやぶって出てくるではないか。役所に知らせると、すぐさま役人たちが集まり合議とあいなった。慧明《ヘミョン》という坊さんをかしらとし、石工らを動員して像を彫らせた。三十七年もかかってようやく彫りあげることができた。ところが、重くて立てることができない。慧明の法力をもってしてもダメである。そのとき、どこからか二人の子どもがやって来て、たわむれに泥で仏像を作って立ててみ

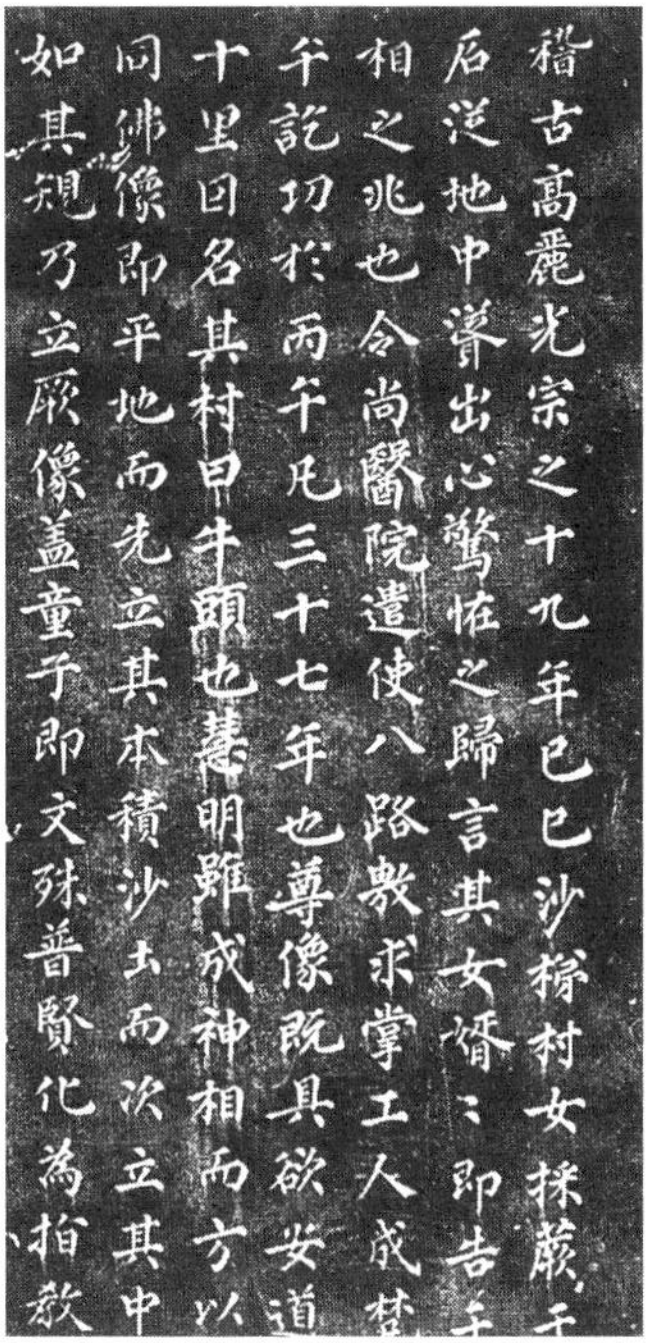

灌燭寺事跡碑（忠清南道論山郡）

せた。慧明はひらめいて石像を立てることができた。二人の子どもはじつは文殊《もんじゅ》と普賢《ふげん》であったという。――

この話は高麗王朝の時代、九六八年のこととして伝えられている。

くだんの石碑は十八世紀にできたものだから、ずいぶんのちの言い伝えがまざっていそうである。ただ、材料の石が地面から出てきたことと、役人が僧侶に命じて仏像を作らせたことは、十六世紀に書かれた地誌（『東国輿地勝覧《とうごくよちしょうらん》』）にも出ている。これは各地に伝わる古い言い伝えを集めたものだから、話のあらましだけは、昔からこのように伝えられていたのであろう。

弥勒像の二類型

ここで、弥勒像のふたつのタイプが出そろったことになる。

ひとつは巨大な弥勒像である。

もうひとつは地上出現の弥勒像である。

ともに、この世に下生した弥勒の姿を表したものであった。したがって両方をかねそなえた像も作られた。

灌燭寺の像はその代表である。他にも忠清南道の扶余《プヨ》にある大鳥寺《テジョサ》の像や、唐津《タンジン》にある安国寺《アングクサ》の像などがある。

ただ、巨像にしても地上出現途中の像にしても、すべてが弥勒であるとはかぎらない。たとえば忠清南道の牙山《アサン》にある像は、いかにも下半身が地面から出きっていない姿である。ところが、両手に小さな壺をのせている。たぶん薬壺だろう。それならば、お薬師《やくし》さんのはずだ。また、はじめから弥勒として作られたかどうか、疑わしいとされる像もある。灌燭寺の像にしても、その姿かたちから観音と見なす意見がある。しかし、巨像でなおかつ地上出現の姿をしており、さらに後世の史料ではあるが、地面から石が現れたという言い伝えを持つことからして、弥勒であるのはまちがいない。

大鳥寺弥勒像（忠清南道扶余市）

民衆反乱の激震地

巨大な像と地上出現の像、さらにその合体像——高麗時代にこれらの弥勒像が作られたのは、忠清南道と全羅北道が圧倒的に多かった。

そこはかつての百済の地であった。ふたたび問おう。

なぜ百済なのか？

統一新羅の末期にふたたび韓半島は分裂した。韓半島の南西部、つまりかつての百済の地では、八九二年に甄萱《キョンフォン》が蜂起して後百済国を建てた。これにおくれて弓裔《クンイエ》は九〇一年に、かつての高句麗の地を領有して後高句麗国を建てた。後高句麗国はのちに弓裔の配下から出た王建《ワンゴン》にのっとられる。王建はみずから高句麗の後継者を名のって、国号を高麗とさだめた。高麗は九三五年に新羅を併合し、翌年には後百済を滅ぼした。

韓半島を再統一したのは、今度は旧高句麗であった。百済はまたしても滅ぼされたのである。

高麗王朝が旧百済の地をどのように支配したかはわからない。たとえそれが過酷なものであったとしても、そのさまが公式の記録にとどめられることなどありえない。それにしても、旧百済の地では民衆による反乱が当時しばしば起きている。このような事実は、その圧政の激しかったことを物語っているのではないか。

高麗時代になると、それまでの社会構造が大きく変動して、社会や経済の混乱をまねいた。そのようなひずみは、弱いところにしわよせがいくのが世のならいだ。しいたげられた人々が武装蜂起した（韓国ではこれを民擾《ミニョ》と呼ぶ）。一一七六年の公州《コンジュ》の民擾や一一八二年の全州《チョンジュ》の民擾など、大規模な民衆反乱がひんぱんに起きたのは、やはり忠清南道と全羅北道においてであった。

末法の危機感

もうひとつ考えなければならないのは、韓半島における末法《まっぽう》意識の高まりである。

ところで「末法」とは何か？

仏教は釈迦がはじめた教えである。釈迦から教えを聞いた人々は、釈迦が亡くなったあとも、その教えを人々に伝えていった。それは口伝えに受けつがれただけでなく、やがて文字にも書きとめられた。さまざまなことばにも翻訳されていく。そうして釈迦の教えが世代をこえて国をもこえて受けつがれていった。

人々は釈迦の教えをあやまりなく伝えようとしただろう。しかし、はたしてどのくらいあやまたずに伝わったのか？　人づてに伝われば伝わるほど、あやしくなりはしないか？　時がたてばたつほどに、ゆがめられていくのではないか？

そのような悲観的な考えかたが仏教にはある。

釈迦が亡くなってから五百年のあいだは、正しい教えが伝わるだろう。つづく千年のあいだは、正しい教えではなく、それになぞらえた教えが伝わるだろう。しかしそれからあとは、教えはおとろえてしまう。それは一万年もつづき、一万年が過ぎるともはや教えは失われるという。

正しい教えが伝わる時代を「正法《しょうほう》」の時代という。「法」とは「教え」のことである。

正しい教え（正法）になぞらえた教えが伝わる時代を「像法《ぞうほう》」の時代という。「像」は「かたどる」とか「にせる」という意味である。

教えがおとろえてしまう時代を「末法」の時代という。「末」は「おとろえる」とか「すたれる」という意味である。

最後に教えが失われる時代、それは「法滅《ほうめつ》」の世である。

末法と終末論

この世は正法の時代から、像法をへて、末法の時代へ、さらには法滅の世へと進みつつある。そのように仏教では考えた。

これをキリスト教の終末論などといっしょくたにしてはいけない。

キリスト教の考えかたでは、神がこの世を作ったとする。そして神がこの世に終わりをもたらすのだ。この世が終わるとき神は審判をくだす。この世に生きたすべての人を法廷に引っぱりだして、最後の裁きをつけるという。信仰のために命を落とした人、信仰を守りとおした人には、ここで永遠の救いが約束されている。この世の終わりは、滅亡のときではない。彼らにとって復活のときである。天地の創造から最後の審判にいたるまで、すべては神の遠大な計画の中にある。歴史は終着駅にむかって一直線に進んでいる。

仏教の末法思想というのは、およそこのような終末論となんの接点も共通点もない。

すべてのものは過ぎゆく。――これは釈迦が死にのぞんで弟子たちに語ったことばだという。仏教の基本的な考えはここに集約されている。

永遠なものなど存在しない。ある状態がいつまでもありつづけることはない。釈迦の教えだって例外ではないのだ。

さらに仏教では、もっと大きな自然のサイクルが考えられている。それは人間のいとなみをはるかにこえている。いつかもろもろの災害がおそうときが来るという。世界は崩壊し、やがて空虚な状態になり、ふたたび世界がかたち作られ、存在しつづけ、やがて崩壊し、……という無限のくりかえしの中に、世界はある。そこにはなんの意志も介在していない。

中国における末法のはじまり

ところで釈迦が亡くなったのはいつか？

すでに述べたとおり、正確にはわからない。だいたい紀元前五〜四世紀のこととされる。これは近代以降の研究によって明らかにされた年代である。

しかし、昔の人はそうは考えなかった。こんな大ざっぱな数字では困るのだ。これでは末法がいつはじまるかわからないではないか！

中国人は釈迦の亡くなった年をかってに（といっても、それなりの理屈をつけて）決めた。それは周の穆《ぼく》王の五十四年だという。西暦になおせば紀元前九四八年である。他にもさまざまな説があるのだが、それにしてもずいぶん古い年にしたものだ。仏教を信じる中国人は、お釈迦さまを孔子や老子よりも年長と考えたかったのだろう。

釈迦没後、正法五百年、像法千年をへて末法の世にいたるという。紀元前九四八年の翌年から起算して千五百年後というのは、紀元後五五一年である。そうすると末法はその翌年、五五二年からはじまることになる。

これは中国における弥勒信仰を考えるうえで、たいへん重要な年代である（あとでくわしく考えたい）。

韓半島の末法元年

五五二年が中国における末法元年であった。

韓半島に仏教がもたらされた年代については、これもさまざまな説がある。三国それぞれに伝説や記録をもっている。三世紀から五世紀まで幅がありすぎて、いちがいには決められない。とはいえ、五五二年であれば、ようやく韓半島で仏教が定着したころと考えてまちがいなさそうである。

それにしても、仏教が受けいれられて、そのときすでに教えはすたれていたというのでは、いくらなんでもぐあいがわるい。

日本ではどうだろうか？　ある記録によれば、まさにこの年、五五二年に韓半島から仏教がもたらされたという。仏教伝来は今では五三八年という年代に落ちついている。しかし、かつては五五二年の方が信頼されていた。

さて、正法は五百年、像法は千年とされるが、いろいろなお経をほじくりかえしてみると、この年数には違いがあることがわかった。正法を千年、像法を五百年とするのや、正法・像法ともに千年とするのもある。そこで韓国人も日本人も、これまたかってに、そろいもそろって正法千年・像法千年説を採用したのである。

一〇五二年が韓半島と日本における末法元年である。

日本では平安時代の後半にあたる。そのころ埋経《まいきょう》ということが、さかんに行なわれた。お経を写し、筒に入れて地面に埋める。やがて弥勒が現れたとき、思い出してもらうためである。のぞみをのちの世にたくしたのだ。

日本で弥勒が信仰された時代というのは、アジアの他の国々に比べれば、多くない。そのうちでは、この十一世紀は弥勒信仰のひとつの最盛期であった。ちなみに、日本におけるもうひとつの山場は二十世紀のはじめではないか。日露戦争から太平洋戦争へといたる時代である。大本教《おおもときょう》が弥勒の世の到来をさけび、くりかえし弾圧された。これはもちろん末法とは関係ないが、それでも同じような底知れない社会不安がその背後にあったことはまちがいなかろう。

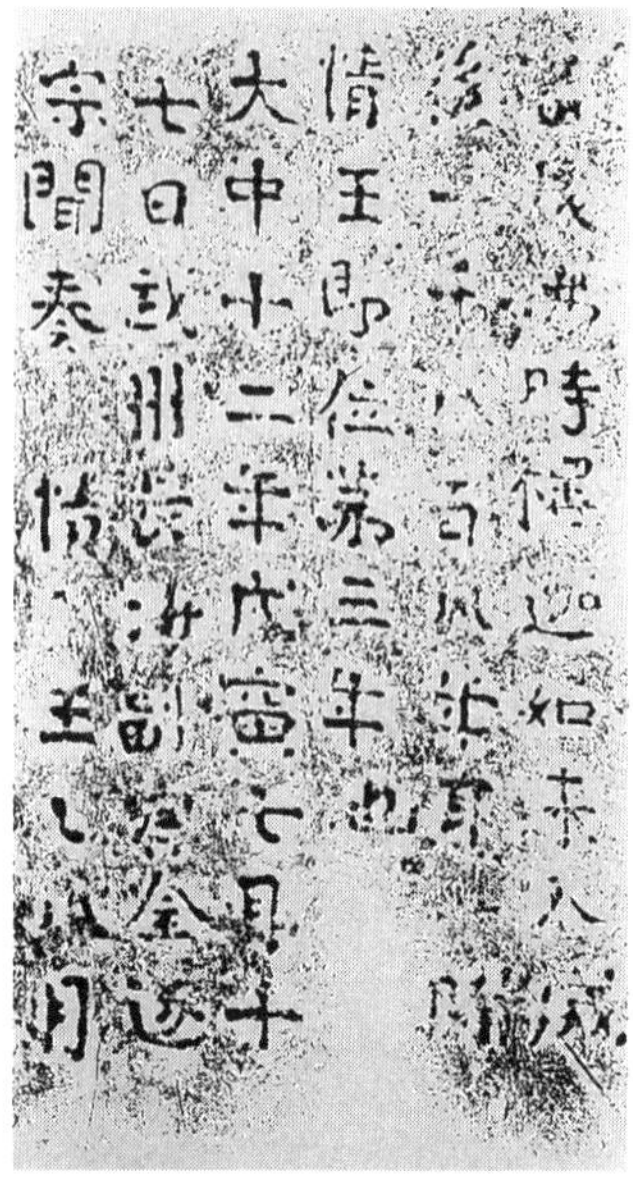

宝林寺毘盧遮那仏銘（全羅南道長興郡）

さだめられた照準

韓半島においては一〇五二年が末法のはじまりとされる年であった。

高麗王朝が成立したときには、すでに末法の危機感が人々に意識されていた。そのような危機感は早くも九世紀には現れている。

全羅南道の宝林寺《ポリムサ》にある普照禅師《ポジョソンサ》の碑には、「ましてや末法の世になれば、像法の教えすら乱れるだろう」と語られている。これには八八四年の銘がある。また、宝林寺には鉄製の仏像があって、八五八年に作られたことが銘文から知られる。そこには「釈迦が亡くなってから一八〇八年目にあたるこの年」と刻まれている。やはり釈迦の没後二千年に照準がさだめられている。その年に像法の時代は終わる。末法の世の到来である。

三国時代の終わりに、百済の国力を結集して益山弥勒寺が建立された。その同じ百済の地で、高麗時代にたくさんの弥勒像が作られた。ここはかつて新羅に滅ぼされた地であり、ついで高麗王朝に征服された地であった。あまつさえ民衆反乱の激震地であった。

時代は末法の世に近づきつつあった。弥勒の下生がことさらのぞまれたにちがいない。

ところで末法と弥勒の結びつきはどこにあるのだろうか？

『約束』との矛盾

弥勒の信仰を考えるうえで、なんといっても重要なお経は『約束』である。サンスクリットで書かれ、チベット語に訳され、中国語に何度も訳された。そうして東アジアに広まっていった。『約束』なしに弥勒信仰を考えることはできない。

ところで、その『約束』によれば、弥勒が現れるのは、たいへんけっこうな世の中であるという。理想の王さまが治めており、人々は長寿をたもち、世の中は繁栄している。けっこうずくめだ。そんな理想の世界に弥勒が下生するのである。

そこでは、弥勒と末法とはまるで関係がない。

『約束』には末法などということは、どこにも書いてない。ことばがないだけでなく、そのような発想そのものがない。一方、末法について語っている経典は、『約束』とはまったく無関係に成立したものである。

それでは、どうして弥勒と末法が結びついたのか？

それは少なくとも『約束』とは関係がない。その中国語訳である『下生経』とも関係ない。

『約束』からも『下生経』からも、弥勒と末法の結びつきは出てこない。

もしも弥勒の信仰において、もっともだいじな要素が末法との結びつきにあるとするなら、『約束』も『下生経』も弥勒信仰の本質にはかかわらない、と言うほかない。

これはずいぶん思い切ったことを主張しているつもりだ。

なぜなら、今まで弥勒信仰について書かれた書物は、ほとんどすべて『約束』（というよりは、その中国語訳である『下生経』）をもとにしているからである。『約束』にも『下生経』にもよらずに、弥勒信仰が語れるのか？

あえて言いたい。

東アジアにおける弥勒信仰の本質は、『約束』にも『下生経』にもかかわりがない（ついでに言えば、あとで出てくる『上生経《じょうしょうきょう》』にもかかわりがない）、と。

もちろん弥勒信仰の出発点は『約束』にあった。東アジアにおける弥勒信仰の出発点もまた、『約束』の中国語訳である『下生経』にあった。これはまちがいない。

しかし、『下生経』にもとづく弥勒信仰は、あるとき東アジアにおいて破綻したのである。

人々の欲求を満たしきれなくなったのだ。

そのとき弥勒の信仰は変わった。

それは六世紀の中国においてであった。

第二章

中国へ

横穴式の寺

黄河《こうが》の中ほどに洛陽《らくよう》の町がある。

中国のいくつかの王朝が、首都とした古都である。町の南には、黄河の支流である洛水《らくすい》が流れる。そのまた支流の伊水《いすい》が洛陽盆地に入るあたりで、川はせばまり、両岸は岩山がせまっている。そこに蜂の巣のように無数の洞窟がある。岩に穴をうがって造った石窟《せっくつ》寺院である。

石窟寺院はインドにはじまり、中央アジアに伝わり、中国に伝わった。とりわけ北中国には多い。これは韓国にも伝わった。新羅の古都慶州《キョンジュ》の近くにある石窟庵《ソッグラム》が、現在までに知られている唯一のものである。日本へは伝わらなかったようだ。

伊水のほとりに造られた石窟寺院を龍門《りゅうもん》と呼ぶ。

ここ龍門の石窟は、北中国に北魏《ほくぎ》という国があった時代に造られた。北魏が都を洛陽に移した五世紀の終わりごろ造られはじめ、その後、三百年ものあいだ造られつづけた。

三百年もかけてお寺を造る、というのは日本では想像もつかないだろう。やっぱり日本人はあき

龍門石窟（河南省洛陽市）

っぽいのかもしれない。ヨーロッパの大聖堂でも、三百年くらいかけて造るのはめずらしくない。

龍門石窟は、中国でもっとも大きな石窟寺院のひとつである。北魏のもとの都である大同《だいどう》の郊外に造られた雲岡《うんこう》石窟と、ならび称される。

龍門石窟は仏像の宝庫である。仏像の雄大さにおいては、雲岡にはおよばないかもしれない。しかし、雲岡石窟の造営が北魏の数十年間であったのに対し、龍門石窟の造営は長期にわたったために、北魏から唐までのさまざまな時代の仏像がそこにはある。

龍門石窟（古陽洞内部）

それだけではない。龍門はまた造像《ぞうぞう》記《き》の宝庫でもある。

仏像を作った由来を文字で刻む。これを造像記と呼ぶ。雲岡においてそれはわずかであった。龍門にはおびただしいほどの造像記が残されている。

そこに刻まれた文字は、中国書道史のとてつもなく大きな山なみである。

その文が語る内容は、中国仏教史にとって貴重このうえない資料である。

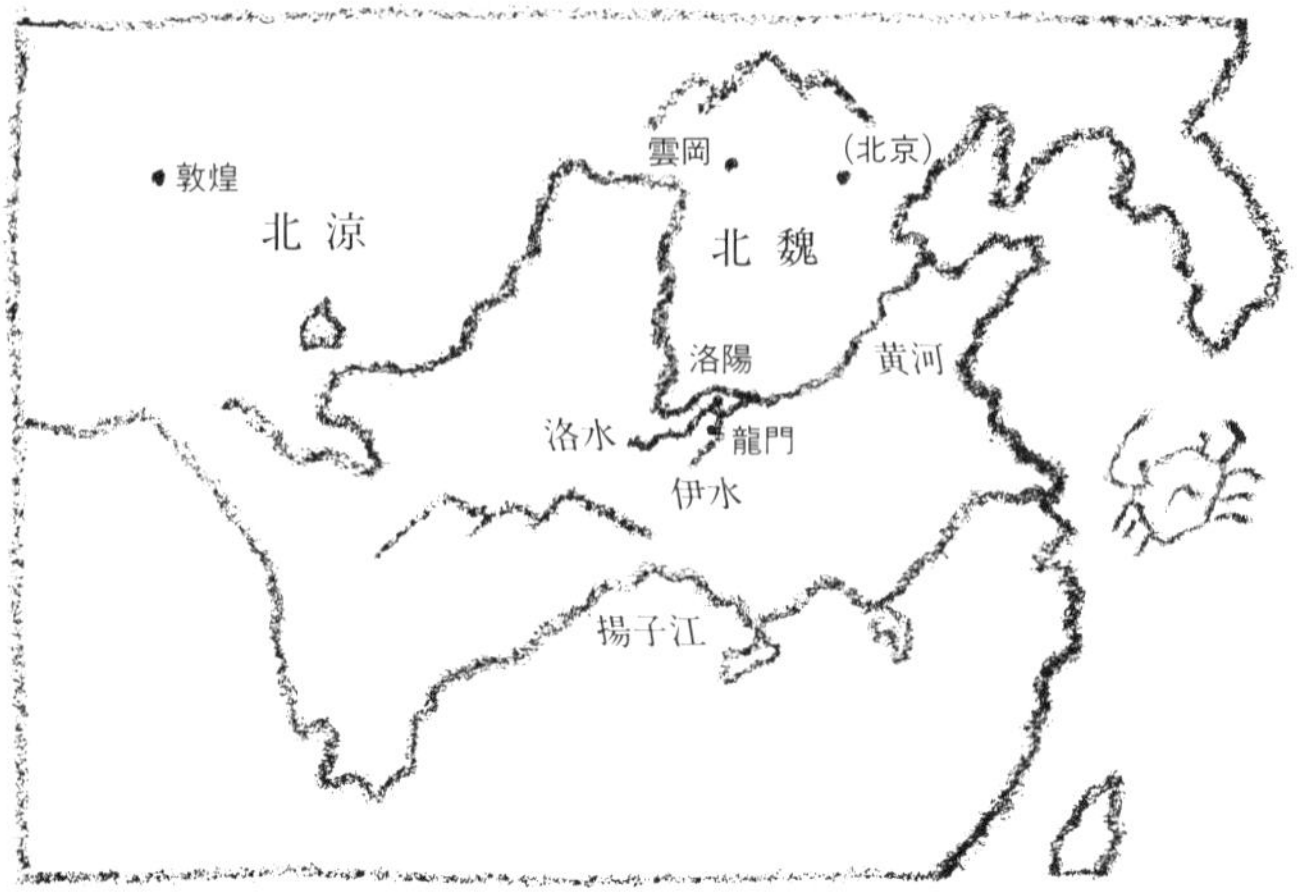

北方民族の国

紀元後三世紀に漢が滅んだ。中国は三国に分裂した。そのあと西晋《せいしん》王朝が一時、中国を統一するが、いくらもつづかず、やがてこんどは南北に分裂した。それからあと、六世紀の終わりに隋《ずい》が中国を再統一するまでの時代を、南北朝《なんぼくちょう》時代と呼ぶ。

かつて中国にいた民族（漢民族）は南へおしやられて、揚子江《ようすこう》流域の南中国で、たびたび王朝を交代させた。一方、黄河流域の北中国には、もともと中国の周辺にいた民族があいついで侵入し、いくつもの王朝を建てては滅び、滅んではまた建てた。

中国の北や西にいる民族を、おしなべて中国人は胡《こ》と呼んだ。「胡」とは「えびす」のこと。野蛮人という意味である。ずいぶんバカにしたことばだ。この時代に、五つの胡族が十六もの国を建てたので、五胡《ごこ》十六国《じゅうろっこく》と通称している。もっとも「五胡」といっても五つに限ったわけではなく、「十六国」も数え方による。要するに十把《じっぱ》一絡《ひとから》げの呼び名である。やがてその中から鮮卑《せんぴ》族の北魏が、つぎつぎとまわりの国々を滅ぼして、北中国を統一した。五世紀なかばのことである。

鮮卑族はトルコ系だという。彼らが話すことばは、もちろん中国語ではない。服装も中国人のそれとは異なっていただろう。

鮮卑族の王朝である北魏は、国をあげて仏教を崇拝した。

仏教の中国浸透

ところで、仏教はいつ中国に伝わったのか？

それは後漢の時代、紀元後一世紀であったとされる。いくつかの経典がもたらされ、中国語に翻訳された。仏像も中央アジアからもたらされ、まもなく中国でも作られた（これは最近わかってきた事実である）。ただ、そのときは一部の人々が仏教をたてまつっただけで、あまり広まりはしなかった。なぜだろうか？

その理由はさまざまに考えられる。仏教が中国に伝わったとき、中国の文化はすでに熟れすぎないくらい成熟していた。文字すらなかった日本に仏教が伝わったときとは、事情がまるでちがう。いまさら外国の宗教の力なんか借りなくともよかった。むしろ外国のものを軽蔑するような尊大な態度が、中国人にはある。

後漢に仏教が伝わってから、三百年たち、四百年たって、ようやく仏教は中国に浸透した。こんどはすっかり浸透した。なぜだろうか？

やはり理由はさまざまだろうが、ひとつには、信仰する主体が違うということがあげられる。北中国に侵入した人々は、中国人からすれば異民族であり、中国人が胡と呼んではばからない人々である。彼らは中央アジアからやってきた。すでに中央アジアにおいては、仏教がさかんに信仰されていた。その彼らが中国へやってきて、仏教をたっとんだとしても、なんの不思議もない。それが理由のひとつだろう。

もうひとつ考えられることは、つきなみな言いかただが、まったく時代が変わってしまったからではないか。

国がいくつにも分かれ、王朝がいくたびも交代した。動乱の時代であった。今日は栄えていたものが、明日には滅ぶ。そのさまを人々は目にした。世の中にいつまでもつづくものはない。それをいやというほど実感したろう。

すべてのものは変わる。永遠なものなどない。……そういう世のありさまは、仏教が説くところを目の前に描いてみせるようなものだ。

ここに仏教が人々の心に根をおろす、大きなきっかけがあったのではないか。これは漢民族であろうと胡人であろうと変わりない。

このようにして仏教は、南北朝時代の中国にようやく根づいた。中国人のものの考えかたの根本にまでしみこんだ、と言ってよいかもしれない。同じくこの時代に人々の心に浸透した道教とならんで、仏教は中国人の信仰生活にぬきさしならない影響を与えたのである。

仏教国北魏

南北朝時代の中国では仏教がさかんに信仰された。

とりわけ北魏では、国をあげて仏教が信仰された。

仏教徒を統率する僧侶を皇帝が任命し、僧侶は皇帝を生きた仏としておがんだ。皇帝の権力によって国中に寺が建てられた。そのころ中国の南半分には漢民族の王朝があったが、そこでは「僧侶も国王をおがめ！」という国家権力の強制が、僧侶の抵抗にあって実現しなかった。北と南とでは、たいそうな違いである。

北魏の仏教、それはまさに国家仏教と言ってもよいものであった。

ただし、太武帝《たいぶてい》のときに一時、危機をむかえたことがある。側近にいた漢民族出身の大臣が、異国の宗教である仏教をきらって太武帝をそそのかした。皇帝はしだいに道教に心をかたむけるようになり、そのあげく四四六年に仏教廃止の命令をくだした。中国仏教はじまって以来の、大規模

雲岡石窟（山西省大同市）

な弾圧がはじまった。

仏教弾圧は七年つづいた。太武帝が亡くなってまもなく、仏教復興の命令が出た。仏教の立てなおしがはかられた。

宗教長官には、はじめ中央アジア出身の僧侶が任命された。四六〇年にその後継者として曇曜《どんよう》が抜擢される。曇曜は北魏仏教の復興にむけて全力をそそいだ。その一環として都の大同の町はずれに石窟寺院を造らせ、巨大な仏像を刻ませた。それが雲岡石窟である。はじめ五つの石窟が開かれ、やがて規模が拡大されていった。

大同は北魏の最初の都である。そこは北京《ペキン》よりすこし北にある。五世紀が終わろうとするころ、北魏はずっと南の洛陽に都を移した。洛陽は漢王朝の二度目の都であった。北魏宮廷は少しづつ中国風にかたむいていった。彼らは中国語を話すようになり、服装も中国式にあらためた。

洛陽遷都によって、旧都の大同はさびれていく。雲岡石窟の造営もやがて下火になり、それに代わって、新都洛陽の南、伊水のほとりに龍門石窟が開かれる。造営は北魏滅亡（五三四年）ののちもつづけられ、唐代までもちこされた。

龍門には石窟が大小あわせて千三百ある。そこに十四万体の仏像があり、三千六百の造像記が刻まれているという（この数字は調査した人によって、かなりちがいがある）。わたしたちはこの造像記をつうじて、五世紀の終わりから八世紀にいたる仏教信仰のありようを探ることができるのだ。

造像記の研究

北魏時代に仏教はさかんに信仰された。

そのとき人々は仏教に何を求めたのか？

この問いに答えることは容易ではない。だが、それに答えようとした、すぐれた研究がある。

それは、塚本善隆《つかもとぜんりゅう》が一九四一年に書いた「龍門石窟に現れたる北魏仏教」という大論文である。

京都大学にあった東方文化研究所（現在の人文科学研究所の前身）は、一九三六年から北中国の石窟寺院の調査をはじめた。北京から南へくだった響堂山《きょうどうざん》石窟をふりだしに、龍門石窟、雲岡石窟へと調査が進み、ぶあつい報告書をいくつも出した。

龍門石窟が造像記の宝庫であることは、すでに述べた。その報告書を作るさいに、造像記の拓本が集められ、これを活字になおす作業が行なわれた。塚本の論文は、その成果をもとにして書かれたものである。はじめ龍門石窟の調査報告書に解説としてつけられ、のちに塚本自身の論文を集めた『支那《しな》仏教史研究北魏篇』（弘文堂、一九四二年）に、加筆して収録された。

この論文は、造像記の文章をもとに、中国の人々が仏教に何を求めたのかを考察したものである。その過程で、なぜ弥勒の信仰がさかんになり、なぜそれがおとろえたのかについて、ひとつの興味深い解釈が示されている。

しばらくのあいだ、このすばらしい研究成果をたどってみたい。そのうえで弥勒信仰をめぐるいろいろな問題について考えなおしてみたいと思う。

それに先立って、すこしふれたいことがある。

石に刻まれた願い

そもそも造像記には、どんなことが書かれているのか？

まず、仏像を作った年月、それを依頼した人の名前が記される。これを造像主《ぞうぞうしゅ》という。それから、誰のために、何を願って、どんな仏像を作ったのかが記される。順序は入れかわることはあるが、たいていこの形式によっている。短くて数十字、長ければ数千字にもおよぶ。

実際の文章をひとつ読んでみよう。
龍門石窟で最初に造営されたのは古陽洞《こようどう》である。そこに「牛橛《ぎゅうけつ》造像記」というのがある。仏像はそれほど大きいものではない。しかし、造像記の方は龍門でもっとも年代が古く、字も絶品として知られる。次のような文である。

太和十九年(四九五)十一月、使持節《しじせつ》・司空公《しくうこう》・長楽王《ちょうらくおう》をつとめる丘穆陵《きゅうぼくりょう》氏亮《りょう》の妻尉遅《うっち》は、亡き息子の牛橛のため、石工にたのんで石を刻ませ、弥勒像一体を作らせた。
願わくば、牛橛が迷いにみちたこの世を捨てて、とらわれることのないあの世に行かれますように。もし生まれかわるなら、天の仏さまのところに生まれかわれますように。もしこの世に生まれかわるなら、なに不自由のない身分に生まれかわれますように。もし苦しみを受けねばならないのなら、すぐにそこからぬけだして、地獄や餓鬼《がき》・畜生《ちくしょう》の世界にふたたび落ちることがないように。そして生きとし生けるもののすべてが、このめぐみにあずかれますように。

どんな事情かはわからない。子が親よりも先に死んだ。母親は、死んでからあとの息子のゆくえが心配でたまらない。弥勒像を作って息子がつらい目にあわないように願っている。文章はただこれだけの短いものだが、短いだけになおさら、胸にせまるものがある。

丘穆陵亮夫人造弥勒像（龍門石窟古陽洞）

未来永劫に伝えん

ここで「願わくば……」と訳したところの原文は、次のように読みくだせる。「願わくば牛橛、分《ぶん》段《だん》の郷を捨て、無礙《むげ》の境に騰遊《とうゆう》せんことを」と。かなりむずかしい言いまわしだ。

いったい造像記の文章は、石に刻んで後世に、できれば未来永劫に残そうというものである。それだけに、堂々とした、しかしむやみと難解なことばが選ばれている。しかも願うことは、家族の冥福、国の繁栄といった、だれもが望むことにたいていは尽きている。あまり突拍子もないことを仏さまにお願いする人などいない。だから、造像記の文章というのは、つきなみなものが少なくない。紋切り型の表現がけっこう見られる。

それでも、この牛橛造像記のように、ありきたりの願いの中にも、なまの声がひびいてくるようなものだってたくさんある。あえて資材を投じて、仏像を作り、そこに何かをたくす。そのひたむきさが心にとどく。字はどれも力強い。

牛橛は丘穆陵氏である。これは鮮卑族の姓で、のちに中国風に「穆《ぼく》」という一字の姓にあらためた。古くから北魏の皇帝につかえた一族である。おとうさんの亮は孝文帝《こうぶんてい》の側近をつとめている。五〇二年に五十二歳で亡くなった（『魏書』巻二十七に伝記がある）。

牛橛のおとうさんは位の高い人だった。しかし、死んだ息子の冥福を祈って仏像を作らせたのは、おかあさんである。造像記の文章は、おかあさん自身が書いたわけではないだろう。たぶん誰かに代わって書いてもらった。それでも、そこには母親の思いがあふれている。

仏像を作らせ造像記を書いた（あるいは書いてもらった）人々は、かならずしも高位高官ばかりではない。僧侶ばかりでもない。漢民族ばかりでもない。男ばかりでもない。庶民がお金を出しあっ

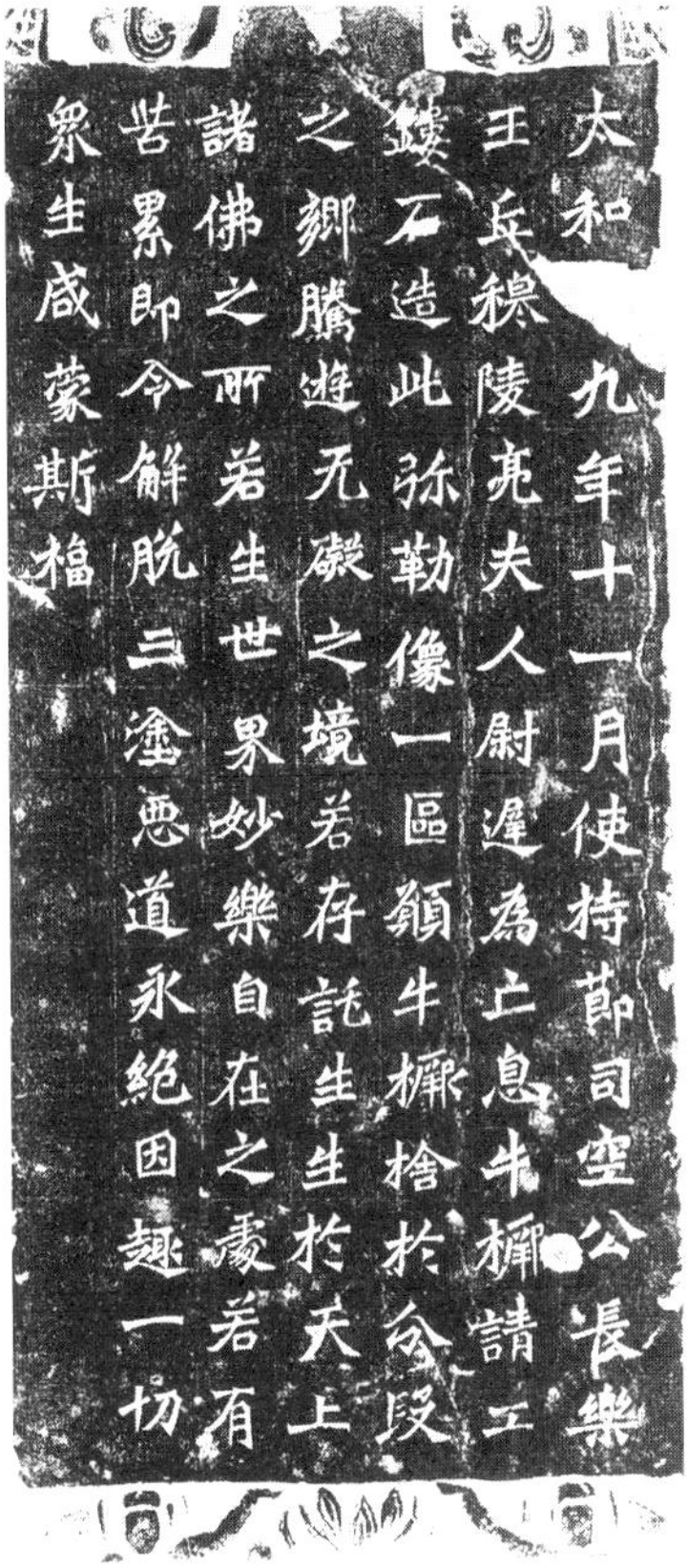

牛橛造像記（龍門石窟古陽洞）

たものもある。民族も階層もさまざまである。女性の発願によるものも、かなり多い。造像主が名をつらねた中には、下僕《げぼく》や婢《はしため》の名さえ、たくさん出てくる。そこに造像記の、他にかえがたいよさがある。

上下も僧俗もとりまぜ、老若も男女もあわせ、漢民族も胡人もへだてなく、あらゆる人々の願いを、そこに見ることができる。

人々が何を願い、その願いをどんな仏さまにたくしたのか。造像記をつうじて知ることができるのだ。

龍門石窟の仏像

塚本の論文にとりかかろう。

この論文は、まず龍門石窟において、人々が何を願って、どんな仏像を作ったのかを、造像記をもとに明らかにする。——

まず、人々は何を願ったのか？

亡くなった父や母、妻や夫、先立たれた子どもの冥福を祈るというのが、なんといっても多い。肉親の冥福を祈り、さらに祖先の供養へとおよぶ。

これに加えて、皇帝陛下がやすらかでおられることを祝い、国がとこしえに栄えることを望むものが、なかなか多い。北魏の造像記の特色として注目される。

次に、どんな仏像が作られたのか？

造像記には、たんに「仏像一軀《く》」とか「石像」とか記すだけで、仏像の名はないものがある（中国では仏像は「一軀」と数える）。それでも、名が記されているものについて言えば、北魏においては、釈迦と弥勒がぬきんでている。観音菩薩と無量寿《むりょうじゅ》仏がそれにつぐ（無量寿仏とは阿弥陀のことである。この時代にはまだ外国語の音をそのまま漢字でつづった「阿弥陀」という名は用いられなかった）。それにしても釈迦と弥勒の多さに比べたらものの数ではない。

信仰対象の逆転

しかし唐代になると、この傾向はいっきょに逆転する。北魏においてあれほどたくさん作られた釈迦と弥勒は、もはやほとんど作られることがなくなった。それに代わって阿弥陀が圧倒的に多くなる（こんどは阿弥陀という名で出てくる）。さらに加えて観音が作られ、これにいくらかおくれて地蔵がさかんに作られるようになった。

ここには北魏から唐代に至る、したがって五世紀の終わりから八世紀にいたるまでの、中国仏教における信仰の移り変わりがはっきりと現れている。

龍門より前の雲岡においても、釈迦と弥勒が多かった。これは造像記によって知られるのではなく、像の姿かたちによって確かめられる。釈迦は、礼拝像として作られただけでなく、伝記のひとこまとして、つまり仏伝の主人公としても、ひんぱんに登場する。弥勒はもっぱら礼拝像として作られただけである。したがって、数においては釈迦が優勢だったと言えよう。

そうすると、中国の石窟寺院に刻まれた仏像について見たとき、まず雲岡においては、釈迦が多く作られ、弥勒がこれについだ。北魏時代の龍門においては、釈迦と弥勒がならんで多く作られた。唐代には、これをしのいで阿弥陀が作られるようになり、やがて観音と地蔵がそこに加わった。このようにまとめることができよう。——

この事実から何が読みとれるのか？

雲岡から

塚本は次のように考えた。——

中国に伝わった仏教は、ようやく北中国に根づいた。そのとき人々は、仏教をはじめた釈迦とはどんな人であったか、ということに思いをめぐらした。遠い異国のインドで生まれた釈迦は、どのように生き、何を行なったのか？　北中国の人々は、それをまず知りたいと思ったにちがいない。

釈迦とはどんな人か？

人々はまずなによりも釈迦その人への興味から出発した。雲岡石窟に釈迦の像があり、釈迦の伝記を表した浮彫がいたるところに刻まれているのは、そのあかしであろう。これは仏教という外来の宗教が受けいれられた最初のありようと見ることができる。

こうして人々は釈迦の生きざまを知った。釈迦が真理にめざめて仏陀になったことを知った。それでは、「仏陀になる」とはどういうことなのか。人々はそれについてもっと知りたいと思った。仏陀となるためには、どうしたらよいのか？　釈迦はそのために何を考え、人々に何を語ったのか？　仏陀となることを理想とする釈迦の教えとは、いったい何か？

釈迦伝浮彫（雲岡石窟第６窟）

釈迦の教えとは何か？

これが北中国の人々にとって次の問題となっただろう。人間としての釈迦の八十年の歩みから、やがて時を超えて受けつがれてゆく釈迦の教えそのものへと、人々の関心は移っていった。

そのような関心の推移と、あたかも平行するように、人々は釈迦仏陀の像だけではなく、それと同じほど多くの弥勒菩薩の像を作るようになる。それは、北魏が都を洛陽に移し、龍門石窟が開かれようとする、その時代にあたっていた。——

龍門へ

塚本の考察はつづく。――

なぜ龍門においては、釈迦だけでなく、弥勒の像がたくさん作られるようになったのか？ 釈迦は仏教の開祖である。だから仏教を信仰する人々に釈迦がたっとばれ、礼拝の対象として釈迦の像が作られるのは、あたりまえだろう。北中国の人々にとって、仏教を信仰することは、まず釈迦という人間を知ることからはじまった。

しかし彼らは、釈迦について知れば知るほど、なんだかものたらなさを感じないではいられなくなった。

それは、仏教をはじめた釈迦が、はるか昔の遠い異国で生まれた、ということに由来した。紀元六世紀の中国に生きる人々にとって、それは無理からぬ思いであったかもしれない。すばらしい教えを説いた釈迦は、しかし、もうこの世の人ではない。亡くなってすでにひさしい。……なんだか手ごたえがないような気がする。もっとたしかな手ごたえがほしい。

このような悩みにこたえるために、えらい坊さんは言うだろう。人間としての釈迦は亡くなったとしても、その教えは滅びない、と。あるいは言うだろう。仏陀はつねにいます、と。

人々はこれで満足したろうか？ そんなことはあるまい。えらい坊さんたちは別である。しかし、日々のくらしの中で、何かにすがりつきたい人にとっては、今すがりつくことのできるものが必要なはずだ。すでに亡くなった人間ではたよりない。不安がぬぐえない。今は亡き釈迦仏陀ではなく、今いますところの誰かに祈りたい！

そこで浮上してきたのが弥勒菩薩であった。

弥勒は現在は兜率天という天にいる。まだこの世には現れない。けれどもそこに存在していることはまちがいない。今います菩薩である。将来――それはかなり遠い未来ではあるが――かならず世に現れ、かつて釈迦が真理にめざめて仏陀となったように、真理にめざめて仏陀となり、人々を教えみちびく者になるという。

すでに亡くなってひさしい異国の釈迦よりは、これから現れようとする弥勒をたよりに思うようになるのは、自然ないきおいかもしれない。それは信仰上の欲求と言ってもよいのではないか。

こうして弥勒の信仰がさかんになった。龍門における弥勒像の造像もはじまったのだ。――

塚本は、まず龍門石窟の造像活動について、このように考えた。

『約束』の中国語訳

ここで塚本の論文をすこしはなれて、基本的なことがらを確認しておきたい。

中国に弥勒信仰が伝わったのはいつか？

弥勒について語った『弥勒への約束』というお経があることは、すでに述べた。もとはおそらくインドの文語であるサンスクリットで書かれたものだろうが、それがいつ中国に伝わったかはわからない。けれど、その翻訳は四世紀ごろからあいついで行なわれた。

のちの時代にできた仏教経典の目録によれば、ずいぶんたくさんの翻訳があったらしいが、いま伝わっているのは次の五つである。

一は、三一六年に没した竺法護《じくほうご》が訳した『弥勒下生経《みろくげしょうきょう》』である。

二は、四〜五世紀ごろ訳されたとされる『弥勒来時経《みろくらいじきょう》』。訳者はわからない。

三は、四一三年に没したクマーラジーヴァ（中国名を鳩摩羅什《くまらじゅう》という）が訳した『弥勒下生成《みろくげしょうじょう》仏経《ぶっきょう》』。

四は、同じくクマーラジーヴァ訳『弥勒大成仏経《みろくだいじょうぶっきょう》』。

五は、七一三年に没した義浄《ぎじょう》が訳した『弥勒下生成仏経』。

以上が『約束』の中国語訳である。本書ではまとめて『下生経』と呼んできた。

ところで、一の竺法護訳『弥勒下生経』とまったく同じ文章が、四世紀に訳された『増一阿含《ぞういちあごん》経《きょう》』の「十不善品《じゅうふぜんぼん》」の中にある。これはどのように理解したらよいのだろう。

いろいろな説があるけれども、今では次のように考えられている。竺法護が『約束』を中国語に訳したことはまちがいなかろう。しかしその文章は失われてしまった。その後、『約束』は他のもろもろのお経といっしょに翻訳されて、『増一阿含経』の中に収められた。そこでこの文章をもって竺法護訳に代用させたのである、と。

だから、一の『弥勒下生経』を竺法護訳とする説は訂正されねばならない。ただし、訳された年代が四世紀であることにちがいはない。

『約束』の語ること

『約束』の内容について、ここでもう一度まとめてみよう。――

とほうもなく遠い未来のことである。そのとき人間の寿命は八万歳になっている。そこにはゆたかできよらかな世界が実現している。転輪聖王《てんりんじょうおう》という理想の王さまが現れ、世の中を平和に治めるだろう。

そのとき弥勒は兜率天からくだってきて、この世に生を受ける。その身体は光かがやき、わたしたちの肘の長さの五十倍もの身長がある。弥勒は家にあって楽しまず、すべてのものはいつか滅びることに思いいたって、家を出る。そして龍華樹《りゅうげじゅ》の下で――あたかも釈迦が菩提樹《ぼだいじゅ》の下で真理にめざめたように――真理にめざめるのである。

真理にめざめた弥勒は、人々に教えを説きはじめる。最初の集まりで弥勒が教えを説くと、九十六億の人々が真理にめざめようとこころざす。二度目の集まりで教えを説くと、九十四億の人々が真理にめざめようとこころざす。三度目の集まりで教えを説くと、九十二億の人々が真理にめざめ

弥勒説法図（敦煌莫高窟第 328 窟）

ようとこころざす。弥勒はこうして六万年のあいだ教えを説き、最後に生と死のくりかえしから解放されて滅し去る。――

以上が『約束』のあらましである。

五つの中国語訳は、『約束』のサンスクリット本にかなり忠実なものもあれば、ずいぶん話を増幅しているものもある。もちろん基本的な筋書きは同じである。

もうひとつの弥勒経典

弥勒について語る中国語訳の経典には、もうひとつ別のものがある。『約束』とはなかみの異なる経典である。『観《かん》弥勒《みろく》菩薩《ぼさつ》上生《じょうしょう》兜率天《とそつてん》経《きょう》』という。略して『上《じょう》生経《しょうきょう》』と呼ぶ。

五世紀の中ごろ沮渠京声《そきょきょうしょう》が訳したとされる。サンスクリット本は伝わっていない。

沮渠京声というのは、北涼《ほくりょう》を建国し、北魏に滅ぼされ

兜率天（敦煌莫高窟第341窟）

て中央アジアの高昌《こうしょう》（カラコージャ）にのがれた沮渠氏の一族である。沮渠京声は高昌で『上生経』の原本を手に入れたと伝えられる。

次のような内容である。――

釈迦が弟子たちに教えを説いたとき、その中に弥勒もいた。弥勒は今から十二年のちに亡くなり、かならず兜率天に生まれると釈迦が語った。弥勒はあと一回この世に生まれ変わると、真理にめざめて仏陀になることができるという。

つづいて兜率天のありさまが、ことこまかに語られる。そこには宝石に満ちた豪華な宮殿がある。弥勒の弟子になって兜率天に生まれたいなら、この兜率天のありさまを思いをこらして心の中で見つめなければならないという。

弥勒は兜率天に生まれ、それから五十六億万年たって、またこの世にくだるという。弥勒を信じ、弥勒に祈るなら、きっと兜率天に生まれて弥勒にお目にかかれる。そして、弥勒とともにこの世にくだり、だれよりも先に弥勒が説く教えを聞くことができる。いつか真理にめざめる約束を弥勒からいただくことができるという。——

以上が『上生経』のあらましである。

『上生経』がめざすもの

『上生経』においては、兜率天のありさまがくわしく語られる。兜率天にある宮殿のようすが語られ、そこにいる弥勒の姿かたちもくわしく語られる。そして、そのさまを心に思い描くことがしきりにすすめられている。

『観弥勒菩薩上生兜率天経』の「観」とは、思いをこらして心に思いうかべること、心の中で見つめることである。

ところで、「観経《かんぎょう》」と呼ばれる一群の経典がある。『観無量寿経《かんむりょうじゅきょう》』もそのひとつ。そこでは阿弥陀さまの姿を心に思い描く、そのさまざまな方法が説かれている。阿弥陀信仰にとってだいじな経典である。

『上生経』も観経のひとつである。だから、そのような修行方法がくわしく出ている。

一群の観経は、だいたい同じころにあいついで中国語に訳された。どれもサンスクリット本は伝わっていない。サンスクリット本があったことを裏づけるようなチベット語訳もない。『上生経』

だけはチベット語訳があるけれども、これは中国語訳から重訳《じゅうやく》されたものだという。

どの観経も内容から考えて、インドで作られたと断定するには無理があるらしい。そうすると、中央アジアで作られたか、中国で作られたということになる。どちらの説も一長一短があって、決着がついていない。これは『上生経』だけの問題ではない。『観無量寿経』にも関係あるくらいだから、仏教学上の大問題である。かんたんには決着がつかない。

思いをこらして心の目で見る。そういう修行が四〜五世紀の中央アジアでさかんに行なわれていたという。『上生経』もおそらくそのような環境の中で作られたのではないか。そのように理解しておきたい。

上か下か

次に、『上生経』の「上生」とはどういう意味か？

これは天界に生まれることである。

天国に生まれ変わったら、それでもうゴールインという気がするが、仏教ではそうは考えない。仏教徒にとってのゴールインは、生まれては死に、死んでは生まれる、そのくりかえしから完全に解放されることである。だから、まったく消滅しきって、もはやどこにも（天国にも極楽にも）生まれ変わらなくなる、そのときがゴールインなのだ。

たしかに弥勒も兜率天に生まれはするが、それで終わりではない。わざわざもう一度この世にくだる。そうして真理にめざめて仏陀となり、最後に生と死のくりかえしから解放されて滅し去る。これでようやくめでたしめでたし。

ついでに言えば、「上生」は「往生《おうじょう》」とほとんど同じことである。極楽へ往生したら、日本ではもうそれでゴールインみたいだが、仏教のほんらいの考えかたからすれば、それは決してゴールインではない。ついでに言えば、兜率天は古代のインド人が考えた天界のひとつであって、極楽でも浄土でもない。まるで極楽浄土なみのゴージャスな世界として経典に語られてはいるが、まったく別のものである。だから「弥勒浄土」などということばは、そもそもありえないはずだ。けれど昔の人々は、兜率天をあたかも阿弥陀さまの浄土のように夢見てきた。そのことまでは否定できない。

それはとにかくとして、『上生経』の「上生」は弥勒が天界にのぼること。『下生経』の「下生」は弥勒が地上にくだることである。中国ではこのどちらもが理想と考えられた。

道安のいらだち

中国でもっとも早く弥勒を信仰したのは、道安《どうあん》だという。四世紀の人である。

それまで外国人によって紹介されていた仏教を、ようやく中国人みずからが主体的に理解するようになった、その最初の一人と言ってよい。

道安は、自分たち中国人が、釈迦とは時をへだて所をへだてていることを、強く意識していた。中国人が仏教を理解しようとするとき、このことが大きな障害となる。仏教を自分たちの流儀でこじつけて理解することを、道安はなにより警戒した。それまでの中国人の仏教理解には、こじつけが少なくなかったのである。

道安はインドの人々が理解したように、仏教を理解しようとした。そのため、しょっちゅう壁にぶちあたる。釈迦に聞きたくても、もはやできない。そこで兜率天にいる弥勒のもとへ飛んでいって、疑問を解決してもらいたいと、つねづね思っていた。

晩年には、弟子たちといっしょに、死んだら兜率天に生まれ変わろうと誓いあったという。

道安が没したのは三八五年である。このときまだ『上生経』は中国語に訳されていない。しかし兜率天への上生という考えかたは、すでに知られていたのかもしれない。

法顕のなげき

五世紀のはじめに、法顕《ほっけん》がインドへお経をさがしに出かけた。インダス川上流のダレルで巨大な弥勒像を見た。ここまでは、第一章で述べた。

この像を見た法顕は、次のように語った。

「この弥勒像が立ってからのち、インドの僧が経典をたずさえてこの川をわたっていった。像ができたのは釈迦が亡くなって三百年ばかりのちのことだという。仏教が広まったのは、ここに弥勒像ができたことからはじまった。弥勒が釈迦の教えをつがなければ、だれが遠くにいる人々にまで教えを知らせることができるのか」と。

これは『高僧法顕伝』に記されている。法顕が十五年もの大旅行から帰ったのちまとめられた。ダレルはインドのずっとはずれにある。仏教はインドをこえて、さまざまな地域に伝わっていくが、インドのはずれに弥勒像ができたことが、その第一歩となった。釈迦はインドで教えを説き、その生涯を終えた。インドの外へ釈迦の教えが広まるためには、弥勒がそのあとをつがなければならない。法顕はそのように考えた。

インドからすれば、はずれもはずれ、はるかな東の国に法顕は生まれた。そんな僻遠《へきえん》の地にまで仏教が伝わるには、弥勒がこの世に現れて教えを説いてくれることが、ぜひとも必要だ。――ここに法顕の切実な期待があるような気がする。

ところで中国人は、「中国」ということばが示すとおり、自分たちが世界の中心にいるとうぬぼれつづけてきた。「中国」ということばはかなり古くからある。だから法顕が、インドを中心にして、自分たちの国を僻地と認識したのは、中国人のものの見方としてはかなりめずらしいと思う。やっぱり旅行はしてみるものだ。

先ほどの道安は、みずからが兜率天に上生することを理想とした。

それに対して法顕は、弥勒が下生して人々を教えみちびいてくれるのを理想としたのである。

釈迦から弥勒へ

弥勒について説いた経典がいくつも中国語に訳され、道安や法顕といった中国仏教の大御所たちが弥勒を信仰した。こういったことは、弥勒信仰が中国に広まるうえで大きな力となったろう。

塚本も、これらの事実を弥勒信仰がさかんになった理由としてあげている。

しかしそれは外面的な理由にすぎない、と塚本は言う。外面的ということは、つまり内面的・本質的な理由ではない、ということだ。

ではその本質的な理由は何かといえば、それはすでに述べたような、信仰上の欲求によるという。――亡くなってひさしい過去の釈迦よりも、いま天にいる弥勒菩薩のほうが、信者にとっては頼りがいがある。そこに、信仰の対象が釈迦から弥勒へと移っていく本質的な理由があった。――そのようにまとめることができる。

塚本はこれに加えて言う。釈迦から弥勒へと信仰の対象が移ったのは、そもそも弥勒が釈迦をついでこの世に現れる存在だからである、と。じっさいに龍門石窟においても、釈迦像にならべて、あるいは対置させて弥勒像を作った例がある。塚本のことばを借りれば、それは「釈迦仏を継承する弥勒菩薩」を表している、という。

弥勒とは「釈迦に代わってその後継者として天上に現在する」菩薩、と見なされたのである。

弥勒は釈迦の後継者か？

弥勒は釈迦の後継者であるという。釈迦を継承するのが弥勒である。北魏の仏教徒たちはそれを信じ、さらに弥勒像を作ることにもそれが反映されている。そのように塚本は理解した。

しかし、はたしてそうだろうか？

弥勒は釈迦を「継承する」のだろうか？

筆者の理解では、釈迦と弥勒の関係というのは、親鸞《しんらん》と蓮如《れんにょ》の関係とは意味が違う。

仏教のほんらいの考えかたからすれば、釈迦も弥勒もそれぞれまったく独立して仏陀になるのではなかったか？　阿弥陀仏も仏陀だが、べつに誰かをみならって仏陀になったわけではない。それは弥勒もかわりがない。弥勒は釈迦の生きかたを受けつぐわけではなく、釈迦の教えを受けつぐわけでもなく、釈迦の衣や鉢を受けつぐわけでもない。

これに関連して、法顕がセイロンで聞いたという話がある。

それによれば、釈迦が使っていた鉢は、釈迦のなくなったあとに、ところどころに伝わって、やがて中国にいたる。それがまたインドにもどってきて、兜率天にのぼる。弥勒はこれを七日のあいだ供養する。それから鉢はまた地上にくだり、最後にもとのところにおさまるという。

この話はすこし考えてみれば、おかしなことはすぐにわかる。中国という国は古代のインドで知られていた。しかし、ふつうの人々にとっては見たことも聞いたこともないはずだ。だいじな鉢がそんなところに伝わる、などという話を彼らが語ることなどあるだろうか。釈迦の使っていた物が方々へ伝わるという話は、もしかしたらあったのかもしれない。けれど、それが中国へ伝わるというくだりは、法顕の（あるいは法顕の書いたものを伝えた人の）加筆ではないのか。

それはとにかく、この話は釈迦の鉢がところどころに伝わるように、釈迦の教えもところどころに伝わる、ということを語っているにすぎない。弥勒は鉢を供養するだけであって、これを受けつぐわけではない。

仏教の伝統からは、弥勒が釈迦の「後継者」になる、などという考えは出てくるわけがない。弥勒が釈迦の後継者だという認識は、したがって北魏仏教徒の誤解である。

弥勒菩薩というものの意味が誤解されたのだ。しかし、かりに誤解であったとしても、それを彼らは正解として理解した。

中国では弥勒は釈迦の後継者として理解されたのである。

それが仏教ほんらいの考えかたからすれば、まったくとんちんかんな理解であったとしても、そのように理解することによって、中国仏教はまったく新しい展開をとげることになった。

阿弥陀像（龍門石窟賓陽北洞）

なぜ阿弥陀へ？

北魏において弥勒はさかんに信仰された。しかしそれほどさかんであった弥勒の信仰は、唐代には下火になってしまう。それに代わって爆発的とも言えるほど阿弥陀が信仰されるようになる。それはなぜか？

ふたたび塚本の論文にもどろう。

この人間世界で教えを説いた釈迦と、その「後継者」である弥勒は、あまりに人間的な存在であるという（これはあたりまえだ。釈迦は神さまではない。神のごとくにあがめたてまつられるとしても、もとはただの人間である）。

塚本はつづける。――この世に生きた釈迦や、やがてこの世に生きる弥勒には、神としてのありがたみがうすい。教えを説く指導者という性格が強すぎて、いつくしみを感じにくい。悲しみや悩みをいだく人々が身を投げ出してすがりつくには、なにかが足りない。

それに比べて、阿弥陀や観音は人間を超えた存在である。いつくしみと救いの神である。ありがたい霊験にみちている。そういう神さまの前にぬかづき、信仰をささげるようになっていくのは、自然のいきおいではないか。——

阿弥陀と観音について、塚本はこれを「仏教中における代表的な愛の神格」とさえ呼ぶ。それは釈迦と弥勒というこの世の「世代系列」の外にある、むこう岸の世界の神々であるという。

造像記によって知られる龍門の仏像は、唐代になると阿弥陀と観音が、釈迦と弥勒を圧倒してしまう。それについて塚本は言う。

人々が信仰する対象は、「知的、説法者的、人間的な性格の強い仏菩薩から、慈悲的、救済者的、神的な性格の強く現れた仏菩薩への傾向をとって移動している」と。

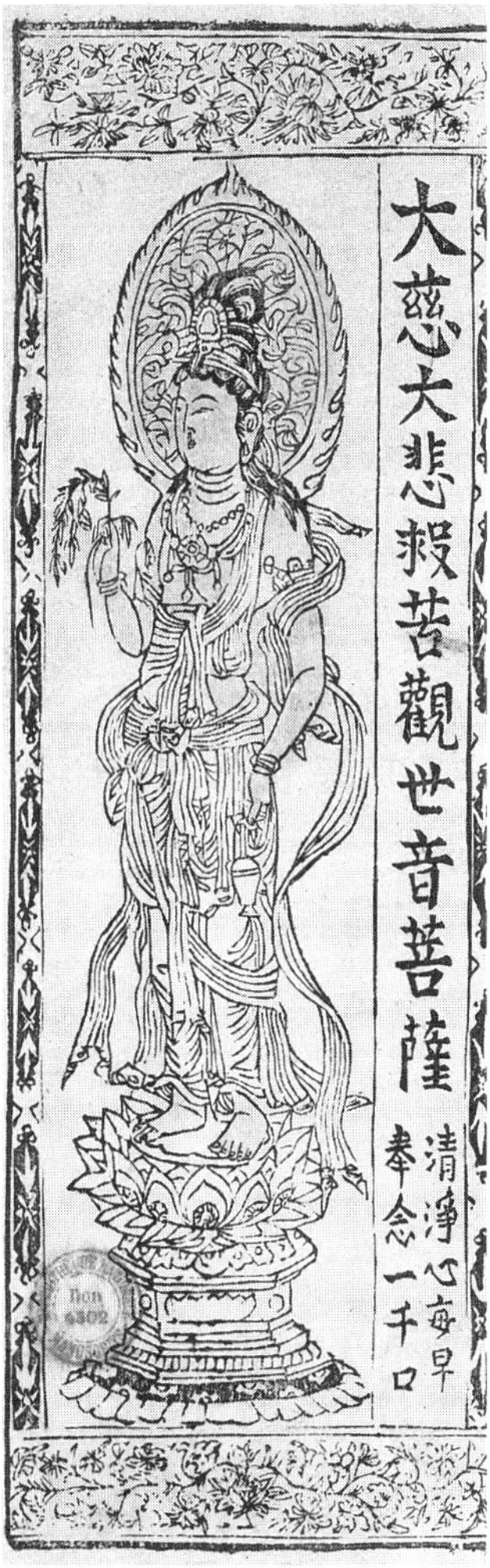

観音菩薩像（敦煌版画、フランス国立図書館）

「わたしたち」の救い

ここに言う「知的、説法者的、人間的な性格の強い仏菩薩」とは、釈迦仏と弥勒菩薩のことである。そして「慈悲的、救済者的、神的な性格の強く現れた仏菩薩」とは、阿弥陀仏と観音菩薩のことである。少しおくれて地蔵菩薩もそこに加わる。

前者から後者へと、人々の求めるものが転換した。その事実の中に、中国人の仏教受容にかかわる重大な変化が読みとれる。塚本は次のようにまとめる。――

釈迦とはどんな人物か、という疑問から北魏の人々は出発した。つづいて、釈迦の教えとは何か、ということに関心が移った。それとともに、教えを説いた過去の釈迦ではなく、未来にその教えを受けつぐ弥勒に人々は期待するようになる。それが唐代になると、求めるものが大きく転換する。そこで新たに求められたのは、中国人みずからがどのようにして救われるか、ということであった。

かつての異国の教えから、今この中国に生きる「わたしたち」のための教えへと、仏教は転換した。そのとき仏教は、中国に生きる人々の「苦悩の解放」にこたえられる教えになったのだ。

仏教はついに中国民衆の血肉となった。――

以上が塚本論文の結論である。

塚本説への疑問

塚本の論文では、中国仏教における礼拝対象の変化とその信仰理由の探求がみごとになされている。この巨大な研究成果は、発表から半世紀以上たってなお、ゆるぎない説得力をもつ。

筆者は、この論文をはじめて読んだとき、衝撃を受けた。その学術上の価値もさることながら、信仰の解明にここまでせまった情熱。……しかし、くりかえし読むうちに、その結論に対しては、疑問を感じないではいられなくなった。

塚本は、中国仏教の礼拝対象が「知的、説法者的、人間的な性格の強い仏菩薩から、慈悲的、救済者的、神的な性格の強く現れた仏菩薩への傾向をとって移動している」と言った。それはまったくそのとおりだと思う。

弥勒は「知的、説法者的、人間的」な存在であるという。

それは「慈悲的、救済者的、神的」な存在ではない。――塚本はそう理解した。

たしかに『約束』のサンスクリット本を見ても、その中国語訳である『下生経』のどれを見ても、弥勒は「慈悲的、救済者的、神的」な存在には描かれていない。塚本は『約束』のサンスクリット本は取りあげていないが、『下生経』を見るかぎり、その主張は正しい。『上生経』をそこに加えたとしても、主張の正しさは動かない。

しかし、弥勒信仰をささえたのは『下生経』や『上生経』だけでは決してない。

中国には「疑経《ぎきょう》」と呼ばれる仏教文献がある。中国で作られたいくつかの疑経において、弥勒はまさに「慈悲的、救済者的、神的」としか言いようのない存在として登場する。観音や阿弥陀が信仰されるようになるずっと前に、疑経の中で、弥勒はすでに「慈悲的、救済者的、神的」な存在として信仰されていたのだ。この事実に目をむけたとき、塚本の到達した結論は訂正されねばならなくなる。

疑経に語られた弥勒

では、疑経とは何か？　文字どおり「疑わしい経」のことである。同じように、「偽経《ぎきょう》」ということばもある。これも字のごとく「偽《いつわ》りの経」である。疑わしい偽りの経典に書いてあることなど、学者たちは問題にもしてこなかった。

しかし、疑わしいとか、偽りだとか言っても、それはある角度から見たときにそう見えるだけだ。別な角度から見れば、それは疑わしいものでも偽ったものでもなんでもない。どこがどう「疑わしい」のかは、これからくわしく見ていきたい。

塚本は、疑経に語られた弥勒をまったく問題にしなかった。それはその時代の研究状況からすれば無理もなかった。疑経そのものが、ようやく少数の研究者に注目されだしたころである。じつは塚本はその開拓者の一人なのである。それまでまともにあいてにもされなかった、いくつかの疑経に光をあて、そのおどろくべき価値を発見したのである。しかし、弥勒について語った疑経には、ついにふれることがなかった。

疑経に語られた弥勒を考えることなしに、中国の弥勒信仰を理解することはできない。筆者はそのように考える。

では、疑経に語られた弥勒とは、どのような存在なのか？

次章でそれをたどってみよう。

第二章

中国から

疑わしいお経

中国には疑経《ぎきょう》と呼ばれるお経がある。インド（もしくは中央アジア）で作られ中国語に訳されたのではなく、はじめから中国語で書かれた仏教経典をそう呼ぶ。

中国における弥勒信仰の歩みを考えるとき、疑経がはたした役割は、たいへんに大きい。今まで紹介した中国語訳の弥勒経典のどれよりも、その重要性は上であると言っても、決して言いすぎではないのである。

それをたどる前に、まず疑経というものについてふれてみたい。

吉川英治《よしかわえいじ》の『宮本武蔵』の中で、やくざにお経を聞かせるくだりがある。出てくるのは『父母恩重経《ぶもおんじゅうきょう》』という短いお経である。親のありがたさを説いたもの。だいたいこんな内容である。——

子を生んで育てるのはたいへんなことだ。赤んぼうは、おなかがすけばワーワー泣くばかり。おかあさんは寒い夜中でも起きて、おっぱいをあげる。いつもいつも赤んぼうにつきっきり。おとうさんは外でおいしい食べ物にありついても、食べずにもって帰って、みんな子どもにあげてしまう。着るものも着ず、食べるものも食べず、子どものよろこぶ顔を見るのだけが楽しみ。そうやって貧しい中にも苦労して育てていく。

それなのに子どもは大きくなったら、年老いた親のことなど見向きもしなくなる。若い嫁さんのごきげんをとるのに夢中で、親が病に伏せっていても、おっぽりっぱなし。はては「まだ生きているのか」と悪態をつく始末。親は涙で目がはれあがる。……そこで釈迦は言われた。父母の恩は、はてしない空のようなものだ。父母のためにこの経をとなえるなら、父母の恩にむくいることができるだろう。――

以上が『父母恩重経』のあらましである。

武蔵をかたきとねらうお杉ばばは、親泣かせの息子を思うあまり、このお経を千部写してやろうと思いたった。かな書きの写経に、きょうも余念がない。そこへ、見るからに親不孝のかたまりのようなやくざ者がやってきた。ばばさまは、そいつのふところへ写したばかりのお経をねじこんでやった。

やくざどもがたむろしているところで、ふところからお経がこぼれ落ちた。なんだこりゃあ、おもしれえ、読んでみろと仲間にせがまれ、ひらがなだらけのお経を読みはじめる。

はじめはおもしろ半分、いいかげんに聞いていたやくざどもも、みんな思いあたるところがある。だんだんしんみりとしてきた。あっちを向いてべそをかいているやつもいる。読んでるやくざも鼻紙ではなをかみながら、先をつづける。そのうちに、とうとう涙がこみあげてきて、あとが読めなくなってしまった。こわもての無法者どもが、どいつもこいつもすすり泣いている。……

うそっぱちの説

この『父母恩重経』は中国で作られたお経と考えられている。

仏教の経典というのは、ほんらいはインドで作られ、中国語に翻訳されたものである。インドと言っても、今よりは少し範囲が異なるから、中央アジアの一部もそこに含まれる。いずれにしても横書きの文字で書かれていたのを、縦書きの中国語に直したものである。わたしたちの祖先がずっと親しんできたお経は、この中国語訳の経典だ。

ところで、中国語訳のおびただしいお経の中には、インドや中央アジアではなく、最初から中国で作られたお経も、少なからず含まれている。お経というのは、そもそもが釈迦の語ったことばであるという。とは言っても、実際には釈迦が残したことばを、そのまま伝えているなどというのは、ほとんどない。まったくない、という極端な言いかたさえ、厳密にはできなくない。

しかし建前としては、釈迦が語ったことば、というのがお経の本筋であって、人々はそのように信じてきたわけである。だから、中国へ仏教が伝わってから、中国人がかってに作ったものなど、お経と呼ぶことなどできないはずだ。

『父母恩重経』は、正しくは『仏説《ぶっせつ》父母恩重経』という題名である。「仏説」とあるからには、仏陀となった釈迦がみずから説いた、ということになる。しかし、それはうそっぱちである。でたらめである。

ほんらい仏教では、人の命はいま偶然この肉体にやどり、いつか偶然また別の肉体にやどると考える。そこで、今生《こんじょう》の親と子のきずなに、かけがえのない価値があるとは、かならずしも考えない。

だから言うではないか。「親鸞《しんらん》は父母の孝養《きょうよう》のためとて一返《いっぺん》にても念仏申したること未《いま》だ候《そうら》わず」と。なぜなら、生きとし生きるものすべては、いずれかの時に父母であり、兄弟であったかもしれないのだから。

『仏説大報父母恩重経』（朝鮮刊本）

それに対して中国では、親の恩にむくいることは人のあるべきようの最たるもの。だから、親の恩を説いた『父母恩重経』は、まったく中国人の倫理にのっとっており、彼らの常識の中から生み出された文章と言える。

かってに作った人々

頭のてっぺんから足の先まで中国でできた『父母恩重経』に対して、「仏陀がみずから説いた」などというのは、疑わしいこと限りない。偽《いつわ》りに違いない。そこで、中国のえらい坊さんたちは、そういう中国製のお経を「疑経」とか「偽経」と呼んで、いやしめた。そして、由緒ただしいインド伝来のお経、つまり「真経《しんぎょう》」と区別した。

ところで、先ほど「中国人がかってに作った」と書いた。インドから伝わったものを翻訳したのでない以上、「かってに作った」ことに変わりはない。しかし、この「かってに」ということの意味もさまざまではないか。お金もうけのためとか、人をだますためとかいうのなら、けしからん話だが、この場合はそんな目的はないはずだ。

自分がこうして大きくなったのは、自分をいつくしんで育ててくれた人のおかげである。その恩を感じない者はいないはずだ。それなのに、そのことをいつか忘れてしまい、忘れはしないまでもないがしろにしたままでいる。

おそらくこのお経を作った人は、その恩にこたえることが、とうとうできなかったのではないか。べつになんの根拠もないけれど、なんだかそんな気がする。だから、このお経を読むとき、あるいは聞くとき、だれも思いあたって心がつまるのではないか。そして、それをもゆるし、包みこむ釈迦の教えのありがたさが心にしみるのではないか。

釈迦の教えのだいじなものがそこに表れているとしたら、それは釈迦の教えである。釈迦がみずから説いたものと変わりがない。釈迦仏陀のいつくしみが人々の心に届き、人々の心を動かすならば、それは「仏説」と呼ばれてもよいのではないか。

ゆるしがたいしろもの

実際に中国仏教の長い歴史の中で、多くの疑経が作られつづけてきた。たしかに疑経の多くは正統的な経典とは見なされなかった。正統を自認する仏教者からすれば、ゆるしがたいしろものであったかもしれない。

中国でもっとも古い経典目録は、四世紀の道安《どうあん》の『綜理衆経目録《そうりしゅきょうもくろく》』であるという。これは現存しないが、六世紀のはじめごろ作られた僧祐《そうゆう》の『出三蔵記集《しゅっさんぞうきしゅう》』にそれが引用されている。

そこには六百三十九の経典名が記されており、その中にすでに二十六の疑経があげてある。ところが六世紀のおわりごろに作られた法経《ほうきょう》らの『衆経目録《しゅきょうもくろく》』には、二千二百五十七あるうちの百九十六の経典に、「疑惑」あるいは「偽妄」の嫌疑がかけられている。よくもこれだけ増えたものだ。

それでも、ひとつひとつの疑経を読んでみれば、人々の信仰や心情にそくして語りだされたものがたくさんある。そのため民衆には受けいれられた。熱狂的に支持されたものさえ少なくない。しかし、仏教教団からは異端としてしりぞけられた。闇にほうむられたものも数知れない。

たまたま残ったいくつかの疑経が、二十世紀のはじめに、中国の西のはずれの敦煌《とんこう》で発見され

七寺経蔵（愛知県名古屋市）

た。さらに二十世紀の終わりごろ、中国の東のはずれの日本の、名古屋市にある七寺《ななつでら》の蔵から出てきた。

これらの疑経は、庶民による仏教信仰の実態を知るうえで欠かせない資料として、日本でも欧米でもさかんに研究が行なわれるようになってきた。最近では中国においても、ようやくそのような認識が一部で起こっている。

よく知られた疑経

疑経にはどんなものがあるだろうか。

「盆と正月」と言えば、わたしたち日本人にとっては一年の大事な節目である。このお盆の行事のもとになっているのが『盂蘭盆経《うらぼんぎょう》』である。日本の仏教にとってたいせつなお経だが、これも『父母恩重経』と同じく、古くから疑経と見なされていた。

奈良時代に、国がとこしえに栄えることを祈って仁王会《にんのうえ》がもよおされた。のちには修正会《しゅしょうえ》と呼ばれるようになった。宮中における年中行事のひとつである。そのとき読まれた『仁王般若経《にんのうはんにゃきょう》』

も、疑経と考えられている。護国《ごこく》経典の代表と言ってよい。

『観無量寿経《かんむりょうじゅきょう》』も疑経ではないかと考える研究者がいる。阿弥陀信仰の原点となっている経典である。第二章で述べたように、一群の観経《かんぎょう》とともに、中央アジアで作られたという説と、中国で作られたという説がある。前者であれば中国語に訳された翻訳経典ということになり、サンスクリットから訳されたものとほぼ同列に置かれる。もし、後者であれば中国撰述イコール疑経ということになるだろう。

『般若心経《はんにゃしんぎょう》』！　近年、欧米の研究者のあいだで疑経説が浮上している。

弥勒を変えた疑経

話題を弥勒信仰にもどそう。

中国語に訳された仏教経典によって、弥勒の存在が中国で知られるようになった。それはそのとおりだが、その後の中国における弥勒信仰の性格を決定したのは、中国語訳の経典ではない。それは中国人によって作られた疑経なのである。

あえて言おう。疑経にこそ中国弥勒信仰の本質がある、と。

中国語訳の経典に説かれた弥勒のありようが、その後の中国においては、すっかり変わってしまう。すべては疑経によっている。

弥勒信仰を変質させた疑経のひとつに『法《ほう》滅尽経《めつじんきょう》』がある。

釈迦の教えが滅びようとするときのありさまを語った経典である。その描写がたいへんリアルなため、いくつかの仏教文献に引用された。そのため、古くから疑経と見なされながらも、今日まで伝えられてきた。敦煌からも写本がひとつ発見されている。五世紀の終わりか六世紀のはじめに、おそらく北魏で作られたものだろう（その根拠はあとで述べたい）。

今からこれを読んでみよう。

僧侶の堕落

『法滅尽経』の冒頭で、釈迦は次のように語りはじめる。

――わたしが死んでからしばらくすると、わたしの教えは滅びようとする。そのとき、五つの悪行

敦煌莫高窟（甘粛省敦煌市）

が世の中をけがし、悪魔がさかんに活動する。
悪魔は僧侶に化けて、わたしの教えを乱すだろう。彼ら魔僧どもは俗人の服を身にまとい、あるいは色とりどりのきらびやかな法衣《ほうえ》を着てよろこぶ。酒を飲み、肉を食らい、命あるものを殺して美食にふける。いつくしみの心などどこにもなく、おたがいが憎みあい、そねみあう。

ここに「五つの悪行」とあるのは、母を殺し、父を殺し、聖者を殺し、仏陀を害し、教団を分裂させるという五つの重罪である。教えが滅びそうになるとき、こんなとんでもない悪行まで横行するようになるのだ。

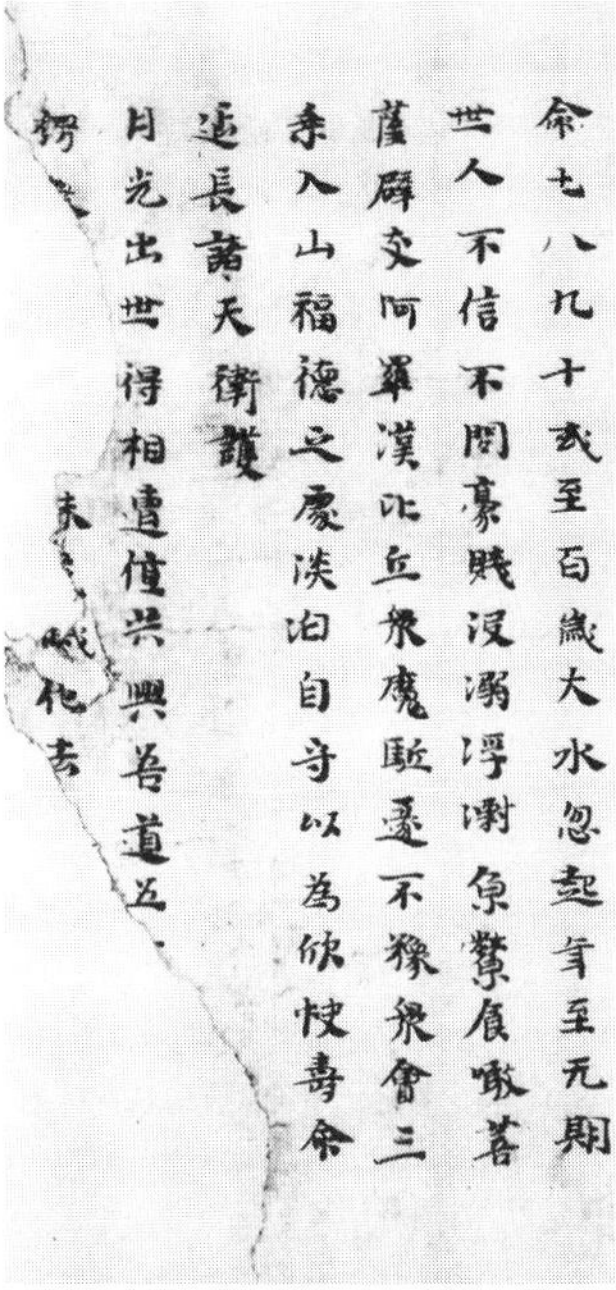
命七八九十或至百歲大水忽起卒至无期
世人不信不聞豪賤沒溺浮漂魚鱉食噉菩
薩辟支阿羅漢比丘衆魔驅逐不豫衆會三
乘入山福德之處淡泊自守以為欣快壽命
延長諸天衛護
月光出世得相遭值共興吾道五

『法滅尽経』(敦煌写本スタイン 2109、大英博物館)

教えが滅びることを「法滅」という。『法滅尽経』は末法思想が中国にもたらされる前に作られた。だから「末法」ということばも、そういう考えかたも出てこない。いきなり法滅へとつき進む。

法滅のとき、僧侶はむやみと

豪華な袈裟《けさ》を着たがるそうだ。ワインを飲んで、ステーキをたいらげる。だれの地位が上か下かでおおさわぎして、嫉妬に狂うという。まるで今の坊さんたちとかわりがない。

しかし、そんな中にも、修行にはげむ人々はきっといる。人々に信心を起こさせるような、立派な修行者だっているのだ。『法滅尽経』にもそれはちゃんと書いてある。でも、そういう人々は坊さんたちからねたまれる。それもちゃんと書いてある。

教団の危機

『法滅尽経』はつづけて言う。

魔僧どもは修行にはげむ人々をねたみ、悪口を言い、欠点をあげつらう。彼らを追い出して、寺に住むことができなくする。そのあげく、寺が荒れはてても放ったまま。

魔僧どもは金目のものばかりためこみ、徳を積もうとなどしない。下僕を売りさばき、田をたがやして種をまき、山林を焼きはらう。人々を傷つけ、いつくしみの心などまるでない。下男を僧侶にさせ、下女を尼僧にさせる。道徳心などどこにもなく、その淫乱なさまは男も女も変わりがない。

仏の教えを軽んじさせるのは、すべてこういった者どものせいである。

『法滅尽経』はこれにつづけて、税金のがれのために、僧侶になる者がいることを指摘する。むかしも便利な宗教法人法があったようだ。もちろん僧侶になったところで、まともにお経をとなえるわけがない。かってに省略し、強引な解釈もなんのその。そのくせ、わかったような顔をして、えらそうにしている。たっとい僧侶のように人には思わせ、供養ばかりのぞんでいるという。

ここには、釈迦が亡くなってからあとの、僧侶の堕落のありさまが記され、そこから教団の危機が警告されている。

仏教が成立してから多くの時をへだてた時代にあって、このような危機感をいだく人々がいたことは想像できる。五世紀なかばに、中国仏教の歴史における最初の弾圧をこうむった北魏の仏教徒にとって、これは深刻な問題であったろう。数年のちにようやく弾圧はおさまるが、それからわずかな年月しかたたないうちに、またもや僧侶の堕落がはじまったのである。

このような状況の中で、法滅を説く経典、法滅の危機を警告し、警鐘を鳴らそうとする経典、さらには法滅の危機からの脱却をめざす経典が翻訳され、あるいは中国人自身の手によって作られた。そこでは、僧侶の堕落と教団の危機がテーマになっている。

くりかえし説かれる悪行

五胡《ご》十六国《こじゅうろっこく》のうち最後に北魏に滅ぼされた北涼《ほくりょう》でも仏教がさかんだった。

国王の沮渠蒙遜《そきょもうそん》は、中央アジアにおいて名声がとどろいていたダルマラクシャ（中国名は曇無《どんむ》讖《せん》）を招いて、経典を中国語に訳すことを依頼した。四二一年に、ダルマラクシャは『大般涅槃《だいはつねはん》経《ぎょう》』四十巻を訳した。

『大般涅槃経』には、釈迦が亡くなってから七百年のちに、悪魔がはびこり、僧侶に姿を変えて正しい教えを乱すと語られている。

これら魔僧どもは、釈迦がみずから説いた経典を、かってに省略したり、書き加えたり、順序を変えたりして、本当の意味をわからなくしてしまうという。さらに衣食を満たすために僧侶となる者がたくさんいる。このような者どもが、お寺のきまりを守って修行にはげむ僧侶を迫害するというのだ。それを『大般涅槃経』はなげく。

こういう悪行が、『法滅尽経』でも同じようにくりかえし説かれたのである。

『大般涅槃経』の教え

ところで、この『大般涅槃経』は中国仏教の歴史においては、おそらく『法華経《ほけきょう》』にまさるとも劣らないほど重要な経典である。しかし日本では、日蓮宗《にちれんしゅう》が『法華経』をたっとぶように、『大般涅槃経』をたっとぶ宗派は成立しなかった。そのため、『法華経』ほどには知られていない。しかし、その後の日本仏教に与えた影響の大きさから考えても、やはり『法華経』と並び称せられるほど重要な経典なのである。

では、『大般涅槃経』が提起する教えとは何か？

「およそ生あるものならば、だれもみな真理にめざめ、仏陀となる素質がある。どんな極悪の人だって変わりない。」これにつきる。

どんな悪人だって仏陀になることができるのだ。

これを聞いて何か思い出さないか？

そう。あの親鸞のことばである。

「善人だって極楽へ行けるんだ。悪人が行けないわけないじゃないか」である。

これがいきなり『大般涅槃経』から出てきたとは言わない。あらゆる価値を逆転させた、親鸞のあのことばにたどりつくまでには、まだ千里のへだたりがあるだろう。しかし、その遠いみなもとは、きっとここにある。

これほどまでに後世に影響をおよぼした『大般涅槃経』のことば。このような大命題が、死を前にした釈迦の口から語られる。つまり釈迦の死は、『大般涅槃経』においては、ひとつの舞台設定なのである。

釈迦亡きあと

釈迦の死というそのこと自体は、彼と行動をともにしてきた弟子たちにとって、もちろん忘れられないできごとであった。それは弟子たちによって語りつがれ、やがて釈迦の死をめぐるいくつかの経典にまとめられた。

そのような重大なできごとは、しかし『大般涅槃経』においてはあくまでも、さきほどの教えを語るための舞台設定にすぎない。

とはいえ、その舞台となっているからには、釈迦の死に対する弟子たちの嘆きや悲しみは語られる。釈迦が亡くなったあとの不安も語られる。釈迦自身でさえ、やがて訪れるであろう教団の危機や僧侶の堕落を予想し、これに警告を与えているのである。

釈迦の死（敦煌莫高窟第420窟）

ただし、くりかえすが、それはこの経典の本意ではない。事実、経典中には、釈迦の教えが滅亡するといっても、それはたとえであり、方便であって、釈迦の教えが滅びることなどありえないと語られている。

釈迦仏陀の法《おしえ》は滅びない。それこそが仏法の本質であるという。

ところが一方で、それがたとえ方便であったとしても、仏法の危機や、仏法をたてまつる教団の危機は、それがいったん文字に記されるや、具体的なイメージを呼び起こしてしまった。目の前にはきっと思い当たるものがあったのだ。人々はおそれを抱かずにはいられなくなった。

はたして、そのような危機感は、仏教徒のあいだでにわかに増大してゆく。これ以降に中国語に訳され、あるいは中国人によって作られた釈迦の死をめぐる経典は、多かれ少なかれ、その危機感を反芻し、あるいは増幅させていった。そして、ついにはその危機のみを対象とした一巻の疑経『法滅尽経』を生み出すにいたったのである。

法滅思想の系譜

『大般涅槃経』には、釈迦亡きあとの僧侶の堕落と教団の危機についての心配が表明された。さらにそれへの警告として、教団のきまりを守ることが強調される。そこでは、家畜を殺して売りさばくこと、鳥や魚をつかまえることなど、犯してはならない禁止事項も列挙されている。同じような禁止事項が、『遺教経《ゆいきょうぎょう》』と通称されるお経にも出てくる。

クマーラジーヴァが訳したもので、ほんとうの題名は『仏垂般涅槃略説教誡経《ぶっすいはつねはんりゃくせっきょうかいきょう》』である。曹洞宗《そうとうしゅう》ではよくお通夜のときにこれをとなえる。釈迦が死にのぞんで弟子たちに最後の教えを説いたものとされる。釈迦の遺言というわけだ。したがって、これも釈迦の死をめぐる経典のひとつである。

そこには次のようにある。

「教団のきまりにしたがう者は、物を売り買いしたり、家や田畑を持ってはならない。使用人や下僕をやとったり、家畜を養ったりしてはならない。種をまいてはならず、財宝はすべて遠ざけ、あたかも火の穴を避けるようにして遠ざけなさい。草木を伐採したり、土地を開墾したり、地面に穴を掘ってはならない。……供え物を自分のものとして、ためこんではならない。……むやみに飾りたてることをやめ、にごった色の衣を着なさい。鉢を持って食べものを乞い、自分をわきまえなさい。おごり高ぶる心が起きたら、ただちにそれを取りのぞきなさい」と。

ここでいましめられたことが、ことごとく破られる。——それが釈迦の死をめぐる経典に語られた法滅の世のありさまなのだ。そこでくりかえされる僧侶の堕落のなかみは、このように禁止されたことの裏返しであった。

破られるいましめ

『浄度《じょうど》三昧《ざんまい》経《きょう》』というお経がある。

これも中国で作られた疑経とされる。中国人の日常生活の中でどのように仏教を実践していくかを追求した経典である。北魏で仏教弾圧がおさまってまもないころ作られたと考えられている。

古くから経典目録にその名が記され、いろいろな文献に一部分が引用されてはいた。敦煌からも写本が発見されたが、断片にすぎなかった。数年前に名古屋市の七寺《ななつでら》から写本が発見された。これも全部ではないが、今まで知られていなかった、かなりの分量の本文を伝えており、ようやくその全貌が明らかになってきた。

そこでは教団のいましめが破られるとき、どうすればよいかが問われる。次のように言う。

「釈迦の弟子である出家者たちの中には、教団のきまりや心がけをさずかってからのちも、ことさら欲望にとらわれている者がいる。彼らは住居を築いて、妻子を養っている。役人によしみを通じるため下僕を差しだし、衣食のために商売をいとなむ。土地を開墾して種をまき、殺生も行なう。むさぼり求めて飽きることがなく、心のおもむくがまま、ほしいままに振るまう」と。

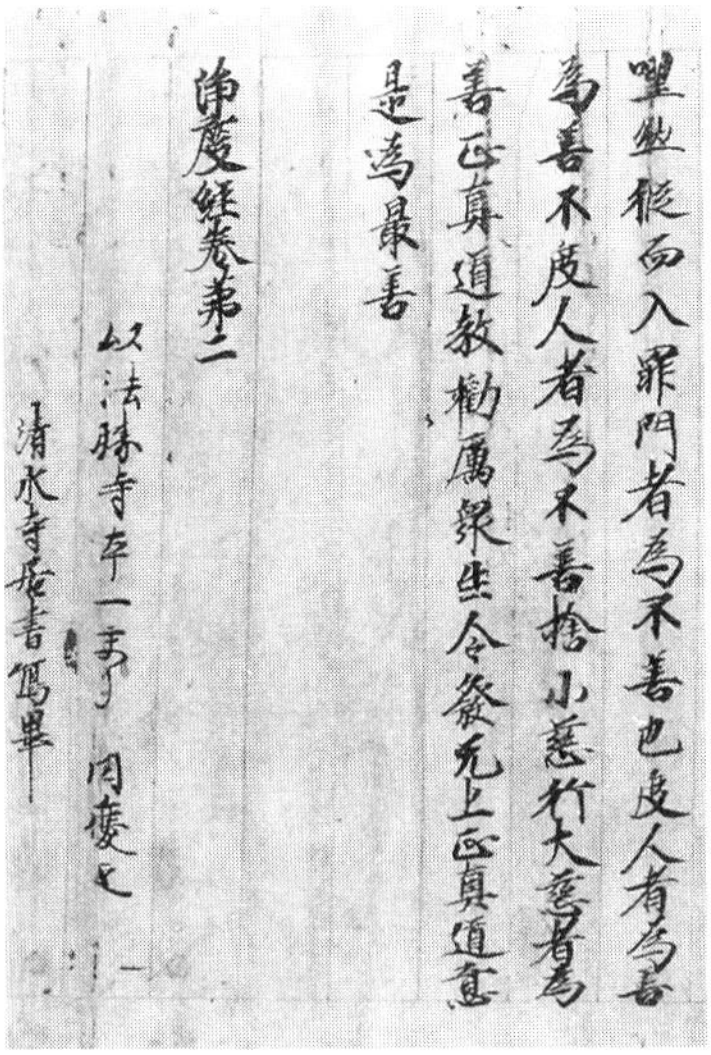
『浄度三昧経』（七寺所蔵写本）

ここでも、『大般涅槃経』や『遺教経』において僧侶へのいましめとされたことが、ことごとく破られるかたちで語られている。

北魏の現実

このように見てくると、『法滅尽経』に描かれた法滅の世のありさまは、先行する経典にもとづいた文章がほとんどだということがわかる。それにしても、題名にまでなるとおり法滅だけをあつかった、このような経典があえて作られた。その事実の中に、惨憺たる現実への危惧がうかがえはしないか。心ある人々にむけて警鐘を鳴らした、とは考えられないか。

北魏においては、西暦五〇〇年を過ぎるあたりが、ひとつの臨界点だった。

さかのぼって四五二年に仏教弾圧がおさまったのち、宗教長官に任命された曇曜《どんよう》は、仏教の復興に全力をつくした。

そのためには、まず仏教教団の経済基盤を強化しなければならない。そこで寺で農民をやとって耕作させたり、奴婢をさまざまな仕事に従事させることを認めた。ところがこれが裏目に出た。税金が払えなくて寺に逃げこみ、かってに僧侶になってしまう男女が急増したのである。四八六年には戸籍の調査が行なわれ、きちんとした僧侶の資格がない者を、寺から出させたという。

『法滅尽経』には、「下男を僧侶にさせ、下女を尼僧にさせ」とあった。税金のがれのために僧侶になるものがいるとも語られていた。こういう記述に対応する現実が、たしかにそこには存在したのである。

その後も監督は強化された。制度の改正もたびたびなされたが、かってに僧侶になるやからの増加はおさえようがなくなった、五一七年には奴婢の出家をいっさい認めない命令が朝廷から出された。そしてとうとうその翌年、仏教教団の粛正がとりざたされるまでになった。

自然災害の突発

ここで『法滅尽経』は話の方向を変える。


教えが今にも滅びようとするとき、天は涙を流すだろう。水は枯れ、天候は不順となり、五穀は実らなくなる。疫病が流行し、多くの人が死にたえる。

人々が苦しんでいるというのに、役人はむやみと税金を取りたて、正しい道からはずれ、楽なことばかり求めて、いよいよ世の中は乱れる。悪人は海の砂のように多くなり、善人はほとんどいなくなってしまう。……

そのとき、大洪水が突然おそい、とどまることがない。人びとはそれを信じず、やがてもとに戻ると思いこんでいる。生あるものはだれかれの別なく、水におぼれただよい、うろくずに食われてしまう。

法滅の世になると、自然災害まで起きるという。

僧侶の堕落と教団の危機をくりかえし語る『大般涅槃経』には、しかし、自然災害はまったく説かれない。一方で、法滅の危機を説くいくつかの経典には、自然災害による世界の破局が予言されており、そこからの救済が問題になっている。

仏教ほんらいの伝統においては、法滅の危機と世界の破局とはまったく結びつかない。にもかかわらず、法滅を説く経典に世界の破局についての予言が加わった。どのような経過をたどって、そうなったのか？

破局のおとずれ

世界はいつか破局をむかえるという考えかたは、中国には古くからあった。それは中国思想の主流とはならなかったが、さまざまな文献に語られていた。

儒教のいわば異端思想とでも言うべき讖緯《しんい》の文献には、世界の破局についての予言がひんぱんに見られる。讖緯とは、儒教の経典にかこつけて神秘的な予言を説いたものである。西暦紀元の前後からさかんになった。

たとえば『河図挺佐輔《かとていさほ》』は、次のように言う。

「百世を経たのち、地面はもりあがって、山々は消えてなくなる。風もふかず、雨も降らず、寒さ暑さもおとずれず、そのため（大地の実りがなく）人々は土を食らうようになる。そのときには、人々は自分の母親はわかっても、父親を知らない。そのような時代が千年つづいたあと、天下に危急がせまり、どよめき荒れ狂うだろう。そのありさまは知りようもない」と。

ここで異変がはじまるのは、「百世を経たのち」だという。ある時間の切れ目に世界の破局がおとずれるという予言は、讖緯におくれて成立した道教にも受けつがれた。

大いなる時の終わりに

『洞淵神呪経《どうえんしんじゅきょう》』という道教の経典がある。

現在伝わっているのは二十巻もの分量があるが、はじめに巻一だけが四二〇年ごろできたと考えられる。それは南中国で革命が起こり、王朝が交代するときであった。混乱の渦中で作られたにちがいない。転換期における現実の危機が背景にある。次のように言う。

「大いなる時の終わりが近づいている。政治は乱れ、人々は叫び声をあげている。風雨は時節にかなわず、五穀は実らなくなる。人々の心は凶悪になり、おかみにたてついて反乱を起こす。父も子も兄弟もだましあって、国を滅ぼすにいたる。盗賊がのさばり、罪もない人々を殺害する。疫病が流行し、九十種もの病気がはびこるだろう」と。あるいは言う。

「役人は利益ばかり求めて、人々をいたわろうとしない。人々は叫び声をあげ、うらみをいだくまでになって、天下は憂いにみちる。太陽と月は軌道をたがえ、五穀は実らず、人々は土地を捨ててさまよう。そのとき大洪水が襲うだろう」と。

ここでは、「大いなる時の終わり」にいたることが、破局の原因となっている。自然災害も悪政もその結果としてとらえられている。

王朝が交代するとき――それはひとつの時代の終わりと言ってよいだろう。そのとき破局がおとずれる。それは信者にとっては救済のときでもあったはずだ。

未来のあるとき、人間世界が危機におちいり、自然災害までそれに連動する。そういう思想が中国にはあり、讖緯の文献に語られ、道教経典でもくりかえし説かれていた。そのような世界の破局についての予言が、仏教の疑経において、法滅の危機と結びついたのである。

その典型が『法滅尽経』と言えよう。

教えをよみがえらせる少年

『法滅尽経』はつづけて言う。

――そのとき、月光《がっこう》が世に現れ、教えを伝えようとするわずかな人々とあいまみえ、五十二年のあいだ、ともに教えを復興させる。

まず『首楞厳経《しゅりょうごんきょう》』と『般舟三昧経《はんじゅざんまいきょう》』が世に現れ、やがて消えてなくなる。ついであらゆる種類の経典が現れ、また消えてなくなる。いずれも、もはや世に現れることはなく、文字さえも見られなくなる。

「月光」とは、中国語訳の仏教経典にしばしば登場する月光童子《がっこうどうじ》のことであろう。釈迦に危害を加えようとした父親をいさめる少年として語られている。教えを守ろうとする少年であった。

そういう少年が、末世に教えを復興する人物として描かれるようになった。

月光童子への期待は、他の疑経においてもくりかえし語られている。

後述する『般泥洹後比丘世変経《はつないおんごびくせへんきょう》』でも、月光童子は五十一年のあいだ世にあって、人々を教えに導くという。そのあと教えはおとろえ、多くの時をへたのち、弥勒が現れると語られている。やはり月光童子は教えを復興する役割をになっている。ただしそれは一時のことにすぎない。やがて月光童子はより強力な救済者へと変貌していく。

救済者として

『首羅比丘経《しゅらびくきょう》』という疑経がある。六世紀の前半にできたと考えられている。

そこでは、月光童子は末世に現れ、大災害で苦しむ人々を救うと説かれる。次のように言う。

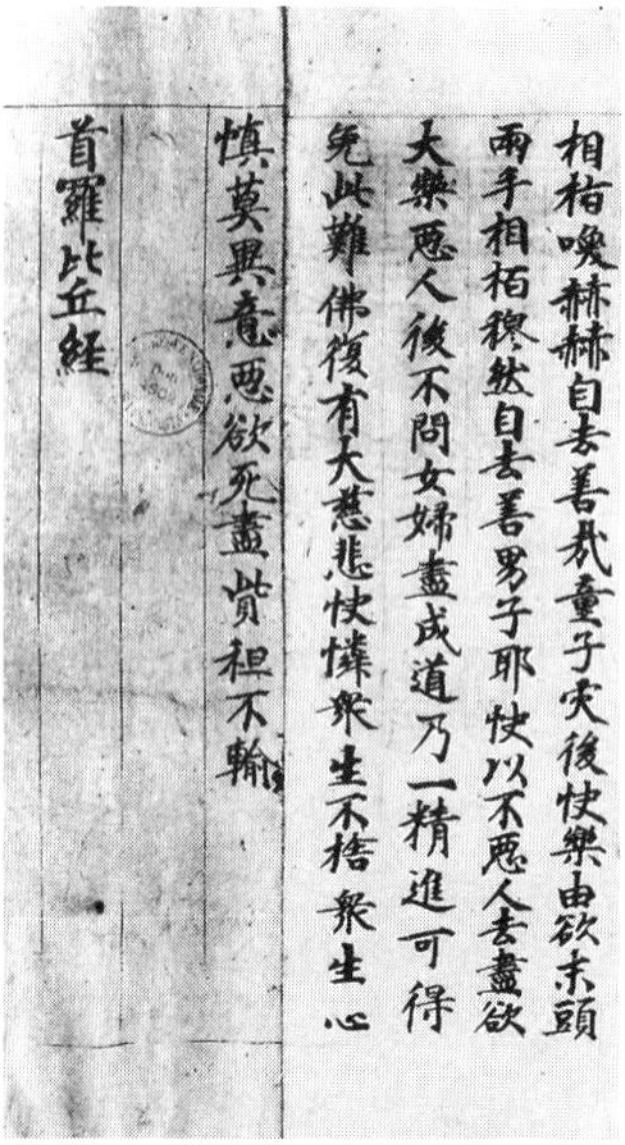
相梧喚赫赫自去善哉童子安後快樂由欲未頭
兩手相拍稱然自去善男子耶快以不惡人去盡欲
大樂惡人後不問女婦盡成道乃一精進可得
免此難佛復有大慈悲快憐衆生不捨衆生心
慎莫興意惡欲死盡當徂不輸
首羅比丘経

『首羅比丘経』(敦煌写本ペリオ 2464、フランス国立図書館)

「来たるべき世に、かならずや大洪水が襲う。波の高さは四十里にもなる。大洪水は西北より起こり、東南へ向かって流れる。波はたけり、雷がはげしく鳴りひびく。そのさまはたとえようもない。そのとき、人々は恐怖におののき、死んでしまう者は数知れない。そんな中にも、教団のきまりを守り、きよらかに生きて、生死のくりかえしから解放されることを願う人々がいる。月光童子は大龍王に命じて、彼らを導き、洪水の波間に浮かぶ山の上へ運ばせるだろう」と。

ここでは月光童子は末世の救済者として登場する。

このような救済者としてのイメージは、社会の一部にはひろまっていたようだ。五一七年もしくはそれ以前のことである。北魏の領内で反乱が起きた。劉景暉《りゅうけいき》という九歳の子どもが、月光童子を名のり、民衆をまどわしたとして、逮捕された。その後の取り調べでは、容疑者はまだほんの子どもで、月光童子という名も本人の口から出たのではないことがわかった。おそらく反乱をたくらんだ者どもに、かつぎあげられたにちがいない。

仏教とは関係ないが、紀元一世紀に起きた赤眉《せきび》の乱では、十五歳の少年が王になっている。玉座の王さまは毎日泣いてばかりいたというから、これもおとなたちにかつぎあげられた口だろう。いったい、反乱を起こすときに、少年だの少女だのを旗じるしにするのは、古今東西どこにも見られることだ。宗教反乱にはことのほか多い。日本にも天草四郎《あまくさしろう》の例がある。

それにしても北魏で月光童子の名をかたる騒動があったということは、それだけ月光童子が救済者として知られていたことを物語っている。時代がくだると、弥勒の名をかたる反乱が続出するようになる。それを考えるうえでも、注目される事件であった。

末法思想のはじまり

天台大師智顗《てんだいだいしちぎ》の師であった南嶽慧思《なんがくえし》は、五五八年に『立誓願文《りゅうせいがんもん》』を書いた。慧思は『般若経《はんにゃきょう》』を金字で書写し、七宝《しっぽう》の箱におさめた。弥勒が現れたとき、この経典を説いていただくためである。これによって多くの人々が救われることを願って、誓いをたてたのだ。

この願文は、自分たちが末法の時代のただなかにいる、と述べている。中国における末法意識のもっとも早い表明である。

では、末法という思想はどこから出てきたのか？

四八〇年ごろ、エフタルと呼ばれる中央アジアの民族が北西インドに侵入した。ヨーロッパを襲ったフン族がこれだという説もある。インドは分裂し、仏教教団もたいへんな打撃をうけた。そのような混乱と社会不安の中から、末法という危機の思想が生まれたと考えられている。

五五六年にナレンドラヤシャス（中国名は那連提耶舎《なれんだいやしゃ》）が中国に亡命してきた。その十年後の五六六年に『大集経月蔵分《だいじっきょうがつぞうぶん》』が訳された。これによって末法思想が広まったとされる。

『立誓願文』が書かれたのは、それより八年前だった。『大集経月蔵分』の訳が完成するよりも早く、慧思はなんらかのかたちで末法思想についての情報を得ていたらしい。

もちろんこれはひとつの仮説である。末法思想は外国製、というのが前提になっている。そうではなくて、正法と像法と末法という三段階の考えかたは中国製、という意見もある。いずれにしても、中国ではじめてそれが宣言されたのが『立誓願文』ということにかわりはない。

末法時代の使徒

さて、『立誓願文』には月光童子も登場する。「月光菩薩」という名で出ているが、お薬師さんの両脇にいる日光《にっこう》と月光《がっこう》のかたわれではない。いま問題になっている月光童子のことである。次のように言う。

「（釈迦が亡くなってから）九千八百年のちに末法の時代がおとずれる。そのとき月光菩薩が中国に現れ、釈迦の教えを説いて、多くの人々を救いに導く。五十二年して世を去ったのち、『首楞厳経』と『般舟三昧経』がまず消えてなくなり、ふたたび現れることはない。他の経典もしだいに消えてなくなる。『無量寿経《むりょうじゅきょう》』は世に出てから百年のあいだ多くの人々を導き、やがて消えてなくなる。それからあとは、ろくでもない世の中になってしまう」と。

月光童子のはたす役割は、『法滅尽経』に語られたところとほとんど変わりがない。しかし、末法の世に人々を導く存在となった点が、時代を反映していると言えよう。

ここでは、もろもろの経典が消えてなくなったあと『無量寿経』だけが一時存続し、いずれ消滅すると説かれている。その点にも注目したい。『無量寿経』は阿弥陀信仰にとってもっともだいじな経典のひとつである。やがて人々の信仰の対象は弥勒から阿弥陀へと移ろうとしている。これはそれよりだいぶ前ではあるが。

泰山の石経（山東省泰安市）

経典が消えてなくなることについても、ちょっとふれたい。

『大般涅槃経』には、教えが滅びようとするとき、あらゆる経典がことごとく地下に埋没すると説かれている。『法滅尽経』

に語られた経典消滅の話はこれにもとづくだろう。『立誓願文』でもくりかえされた。このような経典消滅への危惧は、やがて経典を石に刻みつけて後世に残そうと人々をかりたてた。石経《せききょう》の大量生産をうながす大きなきっかけとなったのである。

北中国には石窟寺院とならんで、岩壁に刻まれた石経がたくさん残っている。どれも末法の世における経典消滅の危機感によるものである。

弥勒のくだるとき

『法滅尽経』によれば、月光童子によって教えはいったん復興されるけれど、その後はまったく滅んでしまう。それはあたかも、ろうそくが燃えつきるとき、一瞬かがやいてから消えるようなものだ。それから後のことは、詳しく語ることができないという。

『法滅尽経』はさらにつづける。

それから数千万年のちに、弥勒が世にくだり、真理にめざめて仏陀となる。そのとき、世界は平和になり、毒気は消え去り、雨が大地をうるおし、五穀はおおいに実る。樹木は巨大になり、人の背丈は八丈にも伸び、寿命は八万四千歳となる。救われる人々は数知れないほどである。

法滅の危機と世界の破局が予言されたのち、弥勒の到来が語られる。それは数千万年のちであるという。そのとき世界は平和になるのだ。弥勒が到来することによって平和がもたらされるのである。『約束』に語られたように、すでに平和な世の中に弥勒が現れるのではない。

弥勒が現れる前のようすは、ここではくわしく語られていない。ところが、『法滅尽経』よりもおくれて成立したと思われる疑経では、そうではなくなる。弥勒が現れるときの世界は、とんでもなく悪い状況になってしまうという。

それをたどる前に、『法滅尽経』の成立をめぐる問題についてまとめておこう。

いつ作られたか?

五一六年に『経律異相《きょうりついそう》』という仏教事典が作られた。項目別に経典からの引用がならべてある。「法滅尽《ほうめつじん》」のところに、『法滅尽経』のほぼ全文が掲載されている。これが仏教世界の最後のありさまを示すものと理解されていたことがわかる。

この五一六年という年代が、成立の下限である。

あとは経典そのものから判断するしかない。語られている危機のなかみから、その成立の時期と場所とを推測できないか。

四五二年に北魏の仏教弾圧はおさまった。先ほどふれた『浄度三昧経』は、そのあと間もないころ作られたようだ。教団の立てなおしに心をくだいているようすが伝わってくる。『法滅尽経』とは前向きさの度合いがちがう。

弾圧がおさまってからだいぶ時間がたち、性懲《しょうこ》りもなく教団がたるみはじめた。いよいよ危険が表面化するまでになった。そのような時代が『法滅尽経』の背景にあるのではないか。なんとかしなければ取り返しがつかなくなる。そういう危機の現実が、経典の文章に反映している。

『法滅尽経』は、五世紀の終わりから六世紀のはじめにかけて北中国で作られた。――そのように考えるのが、時代背景との関連からみても、無理がないと思う。

だれのために?

それでは、この経典はどのような人によって作られたのか?

また、この経典はどのような人々に受けいれられたのか?

僧侶の堕落の描写は、先行する経典に大部分はもとづいているようだが、執拗にそれを追求している点に、この経典のひとつの立場がある。

国家権力の側に立つ体制的な宗教者によって作られたのか? あるいは国家による仏教教団への統制に批判的な教団の指導者層によって作られたのか?

おそらくは、そのいずれでもなかろう。そこにたとえば、在俗の信者のあいだに入っていった布教僧のような存在を想定することはできないだろうか？

そして、そのような経典を受けいれ、支持したのは、国家権力の側にも属さず、教団の上層部にも関与しない、むしろそれらに批判的な信仰集団ではなかったか？

弥勒の到来は、とほうもなく先のことだという。だが、救いが必要なのは今ではないのか？『約束』や中国語訳の『下生経』に説かれた年月は、あまりにも現実から隔絶している。その時間の溝はとうてい埋めようもない。これではしょせん現世において弥勒にまみえる望みがない。そう思いいたった人々は、やがてその先駆となる月光童子のいち早い到来に、希望をつないだのではないか。

法滅の予言だけでなく、道教の経典から世界の破局についての予言まで取りこんで、いくつかの疑経を生みだした人々がいた。彼らは、末世の危機感をいだきつつも、そこでの救いのありようを模索した。ここに彼らの信仰の原点があるように思われる。

破局から救済へ——それはさらにいくつもの疑経に受けつがれ、さらに極端へと展開する。

世の転変

先ほど、『般泥洹後比丘世変経《はつないおんごびくせへんきょう》』の名を出した。

「般泥洹」は「涅槃《ねはん》」と同じく、生死のくりかえしから完全に解放されて滅し去ることである。

釈迦はこの世の生の終わりに、この究極の境地にいたった。だから「般泥洹後」とは、釈迦が亡くなってからあと、という意味である。

「比丘」は、家を捨てて修行にはげむ人。出家者つまり僧侶のこと。釈迦が亡くなって時がたつにつれ、僧侶がだんだん堕落していくことがそこに語られる。

敦煌写本がひとつ伝わる。じつは『法滅尽経』といっしょに書写されている。

写本の題名は「般泥洹後比丘十変経」となっているが、これは誤写だと思う。

昔の写本には、今の字形とちがう異体字《いたいじ》がたくさん出てくる。「世」の異体字もいろいろだが、「十」の下に「丗」または「廿」または「せ」と書くものが敦煌写本にある。また「変」も、正字の「變」の上に「なべぶた」のような「かんむり」を書く例が、とりわけ北魏時代の写本にたくさん見られる。

この経典を写した人は、もとの手本にあった「世」の異体字の下半分を、「變」の上の「かんむり」と見誤り、上半分の「十」をひとつの文字として読んでしまったのではないか。

『出三蔵記集』をはじめとする歴代の経典目録には、いずれも「般泥洹後比丘世変経」と出ている。「十変経」としたものはひとつもない。このことからも上の仮説は支持されるだろう。

経典を写した人が「世変経」を「十変経」とまちがえたのには、もうひとつ理由が考えられる。

それは、経典の中で、釈迦が亡くなってからの世の変化（とりわけ僧侶の堕落）が百年ごとにたどられていることと関連する。百年後、二百年後からはじまって千年後までつづき、最後に千三百年後のありさまが語られる。だから正確には十一段階だが、これを十の変化ととらえたために、「世変経」を「十変経」と見誤ったとも考えられる。

はたしてそうであるなら、敦煌写本で伝わる問題の経典を、『出三蔵記集』に名前が出ている「般泥洹後比丘世変経」と同一視することができるだろう。

『出三蔵記集』ができた年はわからないが、撰者である僧祐の最晩年のことと考えられている。僧祐の没年は五一八年だから、もっとも年代をさげたとしても、この年までには完成していたことになる。そうすると、そこに「般泥洹後比丘世変経」の名前が出ているのだから、敦煌写本で伝えられる同名の経典は、五一八年までにはできていた、と判断することが可能になる。

以下はこれを『世変経《せへんきょう》』と略称しよう。

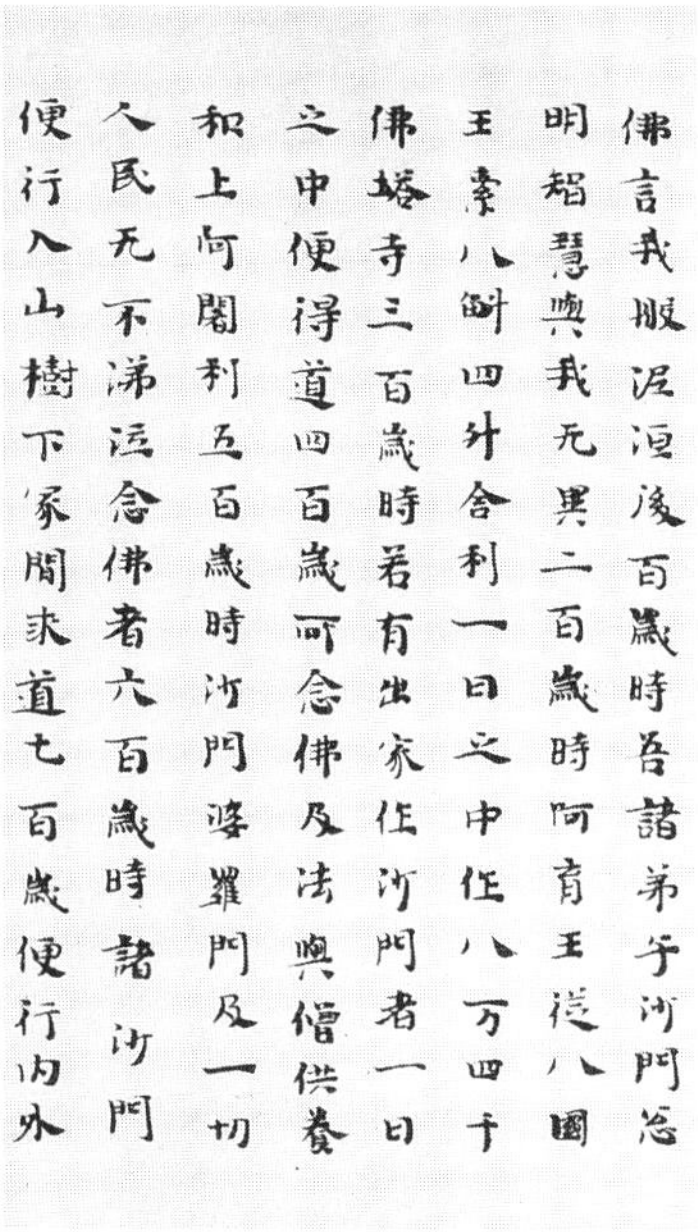

佛言我般泥洹後百歳時吾諸弟子沙門悉
明智慧與我无異二百歳時阿育王從八國
王索八斛四升舎利一日之中作八万四千
佛塔寺三百歳時若有出家作沙門者一日
之中便得道四百歳可念佛及法與僧供養
和上阿闍梨五百歳時沙門婆羅門及一切
人民无不涕泣念佛者六百歳時諸沙門
便行入山樹下家閒求道七百歳便行内外

『般泥洹後比丘世変経』（敦煌写本スタイン2109、大英博物館）

大洪水の襲来

『世変経』はわずか三十九行の短い経典である。敦煌写本では仏教経典はたいてい一行十七字で書写される。問題の写本でもこの原則はほぼ守られている。だから、総字数は六百五十字に満たない。次のような内容である。――

釈迦が亡くなってから百年ののち、出家者たちの知恵は聡明であった。二百年たち、三百年たっても、彼らは教えをたっとんで、修行にはげむだろう。そのありようはさまざまだが、八百年のちまではあまり変わりがない。しかし、それからあと変化が現れる。『世変経』は言う。

九百年後、出家者たちは修行は行なうが、生活のために利益を求め、俗世間のしあわせを争って求めるようになる。

千年後、出家者たちは国王にしたがって戦いの仕方を習い、殺戮さえ行なうようになる。妻をめとって定住し、子孫のためにかせぎまくる。

千三百年後、世の中は大いに乱れる。人々は世の転変を憂え、災難を恐れるありさまだ。そのとき大洪水が起きる。波の高さは二十五里もあり、山々は飲みこまれてしまう。十二年たってようやく水は引き、そのあとには山はなくなり、地面はまったいらになるだろう。

そのあとに月光童子が現れるという。釈迦の教えで人々を導く。人の背丈はのび、寿命ものびる。食べものに困ることなく、金銭も必要がない。人々はひたすら心に釈迦仏陀を思うだろう。

こうして月光童子は世の中に光をもたらしてくれる。しかし五十一年たつと、いなくなってしまう。それからあと、教えはまたおとろえていく。やがてそれは地上から消え去ってしまうという。

地表の大変動

『世変経』はつづけて言う。

いつか人の寿命は四、五十歳になり、さらには五歳にまで減る。人の寿命が五歳になったとき、王も臣下も人民もなく、そのときの三歳は、今のわたしたちの一歳と変わりがない。

海と湖沼とは混ざりあい、海水は沸き立ち、大地までも沸き立つ。そのとき弥勒が地上にくだる。釈迦仏陀の弟子として、経典と教えをいただこうとする者は、みな弥勒のみもとに集まる。

人の寿命が五歳にまでへったとき、弥勒が現れるという。そのとき海も陸地も大変動をはじめる。

サンスクリット本の『約束』や、その中国語訳の『下生経』において、弥勒が現れるのは、人の寿命が八万歳になったときだと語られていた。それは平和と繁栄の世の中であり、そこに理想の社会が実現しているときであった。『世変経』に語られた状況は、これとまったく反対である。そのとき弥勒のもとに集まってくるのは、教えにすがろうとする人々なのだ。

『世変経』はさらにつづける。

出家者は九十九億人もいるのに、鬼神道におちる者は数知れない。地獄におちる者は塵あくたのように多く、天にのぼる者はごくわずか。真理にめざめようとこころざす者は、千億人に一人もいない。出家者でありながら地獄や餓鬼道・畜生道におちる者があり、かえって在家の信者にこそ天にのぼる者があるのだ。

救われるのは僧侶ではない。ふつうの人々である。地獄におちるのは俗人ではない。むしろ僧侶の側にこそたくさんいる。

ここにも『法滅尽経』に見られたのと同じような、僧侶に対する不信の念が強く現れている。やはり、この経典を作った人、あるいはこの経典を受けいれた人々の立場を、そこにうかがうことができるのではないか。

『世変経』において、弥勒が現れるのは世界が混乱におちいっているときと語られた。しかし、その到来の時期については、人間の寿命が減りに減ったときとあるだけだ。

その後、弥勒はその到来の時期をいっきょに短縮させる。そして、世界を破局から救う救世主へと変身する。

救世主登場

それは『普賢菩薩説証明経《ふげんぼさつせつしょうみょうきょう》』という疑経に語られている。以下、『証明経《しょうみょうきょう》』と呼ぶ。

写本は敦煌にいくつか伝わった。二十世紀のはじめに各国の探検隊によって持ち去られ、現在はパリのフランス国立図書館に三点、ロンドンの大英博物館に四点、北京図書館に六点、台北《タイペイ》の国立中央図書館に一点、京都の大谷大学図書館に一点ある。本文をすべて保存している写本は、パリと北京と京都に一点づつある。あとはすべて断片である。

ところで、ロシアのサンクト・ペテルブルグにあるアジア民族博物館には、敦煌写本の断片がかなりたくさん保存されている。一七五四番の写本は、わずか七行の断片である。これは現在までのところ、どの経典の一部か不明とされてきた。しかし、そこに書かれている文は、パリにある『証明経』写本（ペリオ二一八六番）の二十行目から二十六行目にぴったり一致する。ここから、この断片も『証明経』の一部と判断することができる。筆跡は他のどの写本とも共通しない。

きわめて短いものではあるが、サンクト・ペテルブルグのこの断片も含めれば、『証明経』の写本は全部で十六点ということになる。これは敦煌写本で伝わる仏教経典の中では、数として少ないほうではない。それなりに書写され、広まっていたと見てよいだろう。

『証明経』の成立

できたのはいつか？

五一八年に没した僧祐の『出三蔵記集』には、この経典の名は記されていない。

五九四年に完成した法経《ほうきょう》らの『衆経目録《しゅきょうもくろく》』には、「偽妄《ぎもう》」な経典ばかり集めた中に、名が出てくる。そうすると、おそくとも五九四年までに『証明経』はできていたことになろう。

もう少し年代をしぼりこめないか？

イタリアを代表する仏教学者のアントニーノ・フォルテ氏は、この経典に「閻浮履《えんぶり》」ということばが使われていることに注目した。「この世界」を意味する「ジャンブドゥヴィーパ」というインドのことばを漢字になおしたものだが、ふつうは「閻浮提《えんぶだい》」とつづられる。これを「閻浮履」とつづったのは、ジュニャーニャグプタ（中国名は闍那崛多《じゃなくった》）からだという。彼は五六〇年に長安へやってきた。その翻訳で使われたことばが定着するまでには、いくらか時間がかかるだろうが、少なくともその上限は五六〇年とすることができる。

『証明経』の成立は、五六〇年から五九四年のあいだ、としておこう。

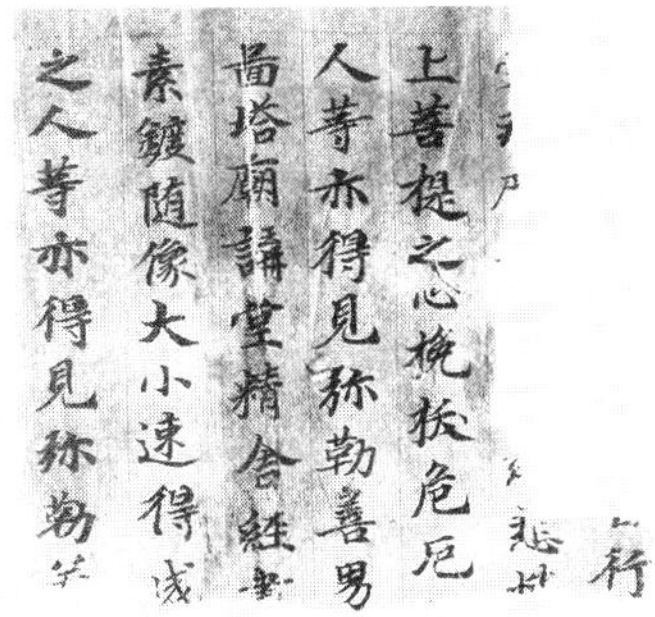

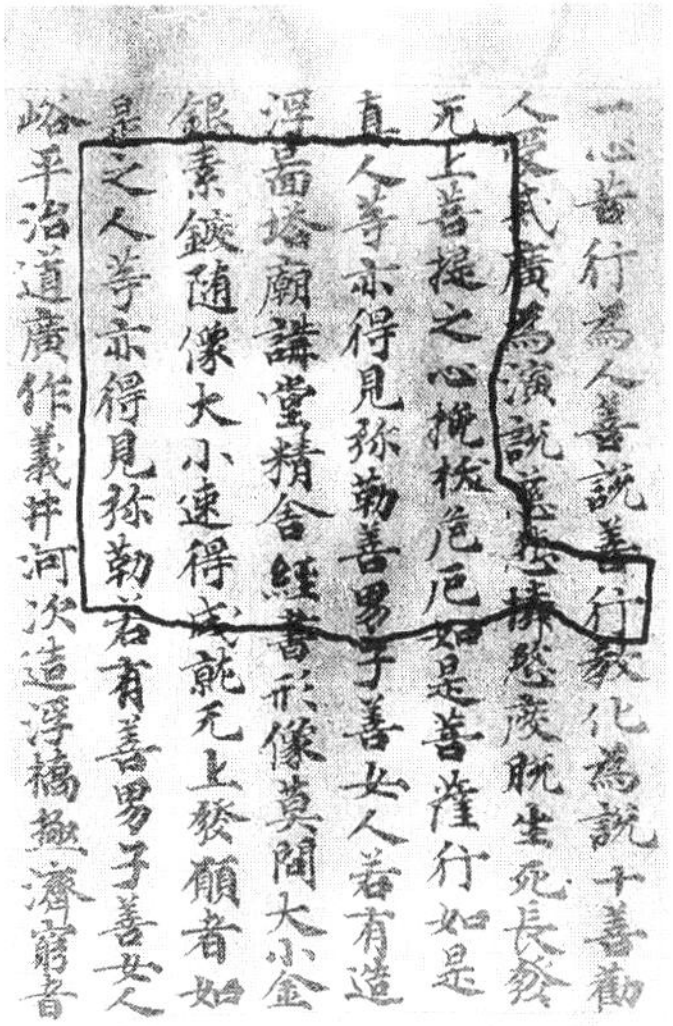

右：『普賢菩薩説証明経』（サンクト・ペテルブルグ敦煌写本1754、アジア民族博物館）
左：『普賢菩薩説証明経』（敦煌写本ペリオ2186、フランス国立図書館）

ところで、フォルテ氏はなぜ『証明経』について発言したのか？

七世紀の終わりの中国で女性の皇帝が現れた。則天武后《そくてんぶこう》である。あとにも先にも女性の皇帝は彼女だけ。極端な男社会で女が皇帝になるなんて、並のやりかたではできっこない。ありとあらゆる手段を用いて、強引に皇帝の座についた。武周《ぶしゅう》革命という。

革命にさいしては仏教がおおいに利用された。

なんと、則天武后は弥勒の生まれ変わり、ということになったのだ。

則天武后の登場を予言した文献が偽造された。その中に『証明経』が引用されている。もちろんこじつけだが、そんなことはおかまいなし。予言がそのとおりになりさえすればよいのだから。

フォルテ氏は武周革命にかんする研究を発表した。そのさいに『証明経』にも新たな照明があてられたのである。

天地崩壊の予言

『証明経』は写本の行数にして五百行くらいある。

内容は前半と後半に分かれる。後半には「証香火本因経《しょうこうかほんいんきょう》第二」という題名がついている。それならば後半は別の経典だと考えられなくもないが、前半もしくは後半だけの写本は発見されていない。今のところは、両者一体のものとして理解しておきたい。

内容のあらましは次のとおり。――

はじめに普賢《ふげん》菩薩が語る。「釈迦が亡くなってずいぶんたつのに、弥勒はまだ現れない。人々は不安をいだいている」と。これにつづいて、弥勒に会うための修行がいくつも示される。苦しんでいる人のために呪文が示され、これをとなえれば普賢菩薩が助けてくれるという。弥勒が現れるまでのつなぎであろう。つづいて、弥勒に会えなくなるような悪行のかずかずが列挙される。ここまでが前半である。

後半では、まず香《こう》をたくことの功徳が説かれる。香をたけば、釈迦の教えにつながることができ、普賢菩薩が守ってくれるという。しかし、いつか世界が危機に襲われるときが来る。普賢菩薩は、そのときに避難できる町を作ってくれるよう、弥勒にお願いした。

つづいて人々を襲う危機が語られる。天地の崩壊にはじまって、弥勒の到来、人々の救済、世界の復興へと物語が展開する。この部分がいちばんだいじなところだが、話の順序は錯綜していてわかりにくい。これを時間の経過にしたがって再構成すると、おおよそ次のようになる。――

地獄の黙示録

釈迦が亡くなって七百年後に、世界の崩壊がはじまる。天地は大震動し、天は叫び、地も叫ぶだろう。疫病が蔓延し、教えをたっとばないものは、ことごとく死に絶える。

それから九十九年たつと、天地は裂けて、いかずちが鳴りひびき、七日のあいだ、世界は闇にとざされる。百億もの鬼どもがはなたれる。鬼どもは黒い衣をまとい、赤いこん棒を手にして、罪人をかたっぱしからつかまえるという。

ここには「七百年後」とある。この数字は『大般涅槃経』にも出てくる。そこでは正しい教えが乱れるときのはじまりだった。ここではカタストロフのはじまりになっている。

『証明経』はつづけて言う。

それからさらに数日のち、阿修輪王《あしゅりん》が派遣される。王は手に七つの太陽をにぎり、炎で世界を焼きつくす。太陽が現れると、草木は燃えあがり、岩は裂け、山はけずられ谷は埋められ、大地はとけてまったいらになる。

そのとき金翅鳥《きんしちょう》が天からくだってきて、教えにつながる人々を救い出す。金翅鳥の体は長さが三十里、羽を広げた長さも三十里ある。七千人を口にくわえ、八万人を背負って、兜率天へと飛びたつ。それを合図に、弥勒がこの世にくだってくる。


弥勒が地上にくだると、魔王どもがきそいたって襲いかかるという。

あるものは水を放ち、火を吹きながら襲いかかる。あるものは体を膨張させ、空を埋めつくして襲いかかる。あるものはいかずちを鳴らし、突風を起こして襲いかかる。あるものは十万の大男をひきいて、大弓をしぼりながら襲いかかる。あるものは怒声をあげ、戦車に乗って襲いかかる。

魔王どもの軍団と弥勒との壮絶な戦いがはじまった。

スター・ウォーズ

『証明経』はつづけて言う。

弥勒は大力《だいりき》菩薩と無量力《むりょうりき》菩薩をつかわして、手に地軸をにぎらせ、頭に地柱をのせさせる。天地に大音声《だいおんじょう》がひびきわたり、魔王どもは恐怖におののく。

弥勒は左手で大地を指さし、右手で天を指さして、菩薩たちを呼びよせる。……そのとき、太陽も月も地に落ちる。あらゆるところから菩薩たちが集まって来ると、世界は六とおりに震動する。魔王どもは武器を捨て、体ごと投げ出して、ひれふすだろう。弥勒に降参して従わないものはいない。


このすさまじい戦いは、弥勒とそのもとに馳せ参じた菩薩たちの勝利に終わる。

戦場となった世界はようやく復興される。地軸がもとにもどされ、天地が息をふきかえす。西から風が吹いてきて、きよらかな香りが七日のあいだただよう。その風に吹かれれば、あらゆるけがれが取りのぞかれる。

つづいて、地面に銅が敷かれる。その上に水銀が敷かれ、その上に水晶《すいしょう》が敷かれ、その上に琉《る》璃《り》が敷かれ、その上に白銀《はくぎん》が敷かれ、その上に鬱金《うっこん》が敷かれ、その上に黄金が敷かれる。明るくかがやく玉《ぎょく》が、町をかこむ壁にかざされ、昼も夜もなく、明かりをともす必要がなくなる。出家者も在家の信者も、みな心をこめて修行にはげむようになるという。

こうして世界は復興されるのである。

疑経オン・パレード

五六〇年から五九四年のあいだに作られた『証明経』において、弥勒はきわめて近い未来にこの地上にくだり、人々を苦しみから解放する救世主として語られた。

語られている内容は、中国語訳の弥勒経典からまったく逸脱している。そういう疑経は、他にもたくさんあったにちがいない。それは、歴代の経典目録にのせられたいくつかの経典の題名からうかがうことができる。

たとえば「弥勒成仏伏魔経《みろくじょうぶつふくまきょう》」というのがあった。きっと地上に現れた弥勒が魔物を退治する物語だろう。

「弥勒下生救度苦厄経《みろくげしょうくどくやくきょう》」というのもある。苦しみや災難から人々を救い、教えに導くのだろう。

「弥勒下生甄別罪福経《みろくげしょうけんべつざいふくきょう》」というのもある。罪福を甄別《けんべつ》するというのだから、悪いやつを地獄に落とし、正しい人を救いだす、ということかもしれない。

いずれも経典目録において「疑わしい経」や「偽りの経」として分類されている。伝わっているものは一つもない。

七三〇年に作られた『開元釈教録《かいげんしゃっきょうろく》』は、弥勒に関係する疑経をあげて言う。「どれもこれも人をまどわすやつらが偽造したもので、弥勒が今すぐにも世に現れる、などと吹聴している」と。この記述からも、『証明経』と同じように弥勒の到来をきわめて近い時期に設定した疑経のあったことが知られる。

変わり者の信仰

こういう疑経に語られたことを信じていたのは、どういう人々だったのか？　少数の変わり者の集団だろうか？　正しい教えにしたがって修行にはげむ人々は、これを見てだまっていたのだろうか？

中国語訳の経典から逸脱した信仰にかぶれていた人々は、まともな出家者からすれば、とうてい許すことのできない存在だったにちがいない。彼らの偽造した経典は、ただちに「疑経」の烙印を押された。彼らは異端と見なされ、危険視されたかもしれない。中には、弥勒の出現をかたって反乱を起こすやつらまでいた。まさしく少数の変わり者集団という以外に、言いようのない人々だったろう。

しかし、中国語訳の経典にもとづく——すなわち、正統とされる——弥勒信仰では、人々の現実の不安をぬぐいさることができなくなっていた。期待にこたえることができなくなっていた。さりとて阿弥陀信仰は、まだ胎動するにいたらない。谷間の時代だった。西暦でいえば六世紀、南北朝時代が終わろうとするころである。

谷間の時代であったからこそ、さまざまな変わり者の集団が、つぎつぎと現れては消え、消えてはまた現れたのではないか？

そういった混乱の中から、やがて、それまでの仏教のありかたを根本から批判した三階教《さんがいきょう》が生まれ、それを否定し乗りこえるかたちで浄土教《じょうどきょう》が勃興し、中国仏教における巨大な流れを形成していった。

であるならば、生みの苦しみの時代に現れた卑俗で危険な、しかし混沌としたエネルギーにあふれた変わり者集団の信仰について、それが現実の社会にはたした役割や、宗教の歴史に有した意義をたどってみるのは、価値があることだと思う。

一刻も早く！

第二章で見てきたように、石窟寺院に残された造像記から知られるのは、仏教が中国に浸透するにつれて、信仰の対象が釈迦から弥勒へと少しずつ変わってきたことであった。過去の釈迦から、未来の弥勒へ。――人々は未来に現れる弥勒に期待するようになった。

ところで、未来というのはどのくらい先かというと、中国語に訳された経典を読むかぎり、それは想像を絶するほど先だという。のんきに待とうという人もいたかもしれない。

けれど、困りはてた人は、そんな先のことなど待っていられなかった。早く来てもらいたいのだ。さっさと現れて、真実の教えを示してほしい。いや、教えなんかどうでもよい。このつらい現実をなんとかしてもらえないか。一刻も早く救い出してくれ！……

そのとき人々は、今すぐにもこの世に到来し、苦しんでいる人々を救済する役割を弥勒に期待するようになった。そんなことは中国語に訳された経典のどこにも書いてない。だから自分たちの手で新しい経典をこしらえたのである。

まだしも『法滅尽経』では、僧侶の堕落という具体的な批判の対象があった。それはかなり癒しがたくはあったが、なお個々人の努力によって改善が可能だった。そうなることが期待されてもいた。しかし今やそんな期待はどこかへふっとんでしまった。決定的な事態の刷新だけがのぞみの綱となった。もはや個々人の努力ではなんともならない時代になってしまったのか。

のっぴきならない願いの中で、弥勒の信仰は変質した。

危機のはざまで

仏教の伝統からはみ出した経典が作られた。

あえてそのような経典までこしらえずにはいられなかったとしたら、どんな状況が人々のまわりにあったのか？

おそらく生きることさえたいへんな時代だったろう。不安ばかりの世の中だったろう。そのような状況の中から、仏教のほんらいの教えにはない、救世主としての弥勒が語り出された。

それは社会不安や危機感を前提としている。そして同じような前提のうえに、世界の危機を見すえ、そこからの救済のありかたを模索するさまざまな思想が、やはり五世紀から六世紀にかけて生まれている。

五〜六世紀の中国における世界の危機と救済の思想について、それが成立してゆく過程をたどっていくと、そこには王朝がひんぱんに交代する不安定な時代状況が、背景として浮かびあがってくる。そのような背景のもとに、同じような危機感の中から、仏教や道教を信仰する人々がそれぞれに救いの方向をさぐった。

五世紀前半に作られた道教の経典には、世界がやがて終わりをむかえることが、くりかえし説かれていた（これは前に述べた）。さらに、道教経典には真君《しんくん》と呼ばれる救世主が登場する。真君は選ばれた人々を救い、理想の世界を実現するという。これは、六世紀に作られた仏教の疑経において弥勒が救世主としての色彩を濃厚に深めていくうえで、なんらかの刺激を与えたと考えられる。

道教から仏教へ

四二〇年ごろ成立した『洞淵神呪経』巻一は言う。

「真君が現れるのは間近である。甲申《こうしん》の年に災害が起こり、世界は大混乱におちいる。世界は払いきよめられ、天も地も改められるだろう」と。

真君とは、真正な統治者、あるいは理想の君主を意味する。真君の名は李弘《りこう》という。「李弘は王として世を治め、世界を楽土にする」と語られる。ここには、大災害のあとに世に現れて、世界を再建するという役割が示されている。

同じく『洞淵神呪経』巻九に言う。

「壬午《じんご》の年になると、かならずや大災害が起こる。洪水の波の高さは十万丈に達し、道士は山にのがれる。山にのがれたものは、災害をまぬがれるだろう。壬午の年の三月から九月までのあいだに、人々は死に絶える。疫病をもたらす鬼ども三万七千が地をめぐって、殺戮をほしいままにする。それに気づかない者は、まっさきに滅ぼされるだろう。九十種の病気が人々の命をうばう。真君はすぐにもやって来るが、悪人はそれを信じず、天がつかわした鬼によって成敗される。真君は天地のけがれを一掃し、太陽と月を作りかえ、星を天にならべかえ、楽器の弦をはりかえて調べをととのえるように、世界の秩序をただすだろう」と。

この巻九の成立は、巻一にいくらかおくれるが、五世紀であることはまちがいない。

ここでも、ある特定の干支《えと》の年に異変がはじまり、洪水や疫病が襲うと予言されている。それは干支でもって予告されるからには、はるかな未来ではない。そのとき真君李弘が現れて人々を救い、世界を根本的に変革するという。こういった点が、弥勒の到来時期の短縮、あるいは救世主への変貌という信仰内容の変化に、少なからぬ影響をおよぼしたのではないか。

もともと『洞淵神呪経』における「世界の終わり」とは、具体的には、ひとつの時代の終焉、つまり王朝の交代を意味した。しかし、そこに語られた世界の破局についての強烈な印象は、王朝交代というほんらいの文脈を離れてもなお生きつづけ、やがて仏教の疑経における末世の描写と、そこでの救済のありかたに結びついたのである。

反乱者の群れ

それは文字の上だけのことではなかった。じっさいに王朝の転覆をもくろんで、李弘の名をかたる反乱があいついだ。それは南中国から北中国へも飛び火した。北魏で作られた『老君音誦誡《ろうくんおんじゅかい》経《ぎょう》』には、「『李弘よ、世に現れよ』と叫んで、天下のいたるところで反乱を起こす者が数知れない」とある。五世紀のことであった。

五一四年に北魏で劉僧紹《りゅうそうしょう》という僧侶が反乱を起こした。「浄居国明法王《じょうごこくみょうほうおう》」と自称したという。明法王というのは転輪聖王《てんりんじょうおう》のことだと解釈されている。転輪聖王は言うまでもなく、弥勒が現れるとき世を治めている王さまである。

その翌年にやはり北魏で法慶《ほうけい》という僧侶が反乱を起こした。「新仏」の出現をかたったという。新たに世に出る仏陀というのは、弥勒のことにちがいない。

いずれの反乱も弥勒そのものの名はかたられていない。しかし、弥勒との関連なしには理解できない事件であった。七世紀になると、あからさまに弥勒の名をかたる反乱が起きるようになる。それから、なんと十九世紀にいたるまで、あるいはあからさまに、あるいははぐらかしつつ、弥勒にことよせた反乱が突発的に起きている。李姓を名のる反乱者があとを絶たなかったことと、おそらく通じるものがあるだろう（李弘の信仰や李姓の反乱者たちについては、拙著『老子神化―道教の哲学』〈春秋社、二〇〇二年〉第四章「危険な神」をご参照いただければさいわいである）。

正統と異端

六世紀に弥勒の救済を説く疑経がいくつか現れた。だからといって、それまでの正統的な（中国語訳の経典にもとづく）弥勒信仰が一掃されてしまったわけではない。しかし、確実に弥勒信仰に変質をもたらしたことは否定できない。それを裏づける歴史上の事実が、弥勒の名をかたった反乱の続出である。このような現象は、中国語訳の弥勒経典からは決して出てこない。

今までの研究では、弥勒の名をかたる反乱の根拠を、中国語訳の弥勒経典に求めてきた。しかし、何度もくりかえすように、そこでは弥勒は遠い未来の平和と繁栄の世に現れ、真理にめざめて人々を教えに導く存在であった。いったい、そのどこに反乱者のかげがあるというのか？

一方で、疑経に語られた弥勒というのは、近い未来に世界が危機におちいったとき現れ、人々を救って世界を再建する役割をになっている。ここにこそ、現実の政治に失望し、そこからの脱却をもくろむ人々に、導きの星となる弥勒の姿があったのだ。

では、弥勒信仰そのものがインド（もしくはその周辺）で生まれたときはどうだったか？　やはり同じような期待があったのか？　弥勒を仏教のメシア（救世主）と見なす研究者が欧米には少なくない。しかし、それは中国で変質した弥勒信仰のありようを古い時代にまでさかのぼらせただけのことである。残された資料からそのような事実を確認することはできない。

救世主信仰の成立

道教経典の中で救世主としての真君李弘が語られはじめたのは、南中国が王朝の交代によって大揺れに揺れた時代であった。これに影響されて救世主としての弥勒が疑経の中に登場したのもまた、北魏の分裂から隋の統一に至るまでの動乱の時代であった。

ここに類似の救世主信仰が胚胎する共通の時代状況が予想される。このように仏教と道教に共通して見られる民衆的な救世主信仰は、いずれも同じような時代の危機感や期待の中から生み出されたと考えられるのではないか。

思うに、救世主の信仰というのは、かならずしも個々の宗教の教義から必然的に出てくるとは限らない。むしろ社会の要請から生じる場合がある。困難な時代状況の中から、さまざまに表出された危機意識がまざりあい、おたがいに影響を与えつつ、形成される場合がある。そのさいに、信仰の対象となるものは、汎時代的に、もっぱら個々人によって信仰されるそれとはちがう。弥勒も李弘も特定の時代に、特定の地域において、おそらくはある特定の集団によって信仰された。それは他の文化圏における救世主信仰のありようにも共通するところがある。

阿弥陀信仰への道

弥勒を救世主とあおぐ信仰は、しかし、やがて縮小し、きわめて限られたものになった。なぜか？

弥勒の到来は未来であるという。たとえそれがどんなに近い未来であったとしても——かりに明日だとしても——救いが必要なのは、今このときではないか？

いずれ阿弥陀信仰が弥勒信仰を圧倒する。そうなった最大の理由は、まさにこの点にかかっているのではないか？

阿弥陀は西方十万億土《さいほうじゅうまんおくど》のかなたにいるという。どのくらい遠いのか見当もつかない。しかし、どんなに遠くといったって、そこに今いることにかわりない。遠い未来なら、いつ会えるかわからない。しかし遠い場所なら、会おうと思えば会える。今すぐ飛んで来てくれさえすれば、会えるのだ。

弥勒は時間をへだてている。阿弥陀は空間をへだてている。

時間のへだたりと、空間のへだたり——どちらが埋めやすいか？

言うまでもない。時間のへだたりは埋めようもないが、空間のへだたりなら埋められる。すぐ来てくれればよいのだ。名前を呼んだら、すぐ来てほしい。そうすれば、いつでも会えるのだから。もっとも、呼んだって、そうかんたんには来てくれないだろう。むやみやたらと呼ぶわけにもいかない。しかし、いよいよせっぱつまったら、来てくれるかもしれない。今にも命が終わろうというときなら、きっと来てくれるにちがいない。

やがて中国においては、わたしたちと同じ時間の中にいる阿弥陀に、信仰の対象が移っていった。それからあとは熱狂的な阿弥陀信仰へとつきすすむ。人々がたのみにする本尊は、弥勒から阿弥陀へと転換せざるをえなかったのだ。

しかし、弥勒信仰はそれで終わったわけではない。救いを求める人々はあとを絶たない。阿弥陀の救いでも、いやされることのない人々がいる。

阿弥陀さまに極楽浄土へつれていっていただく。——自分ひとりならそれもよかろう。だが、あとに残された者たちはどうなるのだ？　国はどうなる？　家族は？　子どもたちは？　この世界そのものがよくなるのでなければ死んでも死にきれない。……

明日への望みを捨てきれない人々がいた。彼らはとうとう地下にもぐって、弥勒の到来を待ちつづけた。

明日そのとき

釈迦から弥勒へ、弥勒から阿弥陀へと、中国人の信仰対象は変化した。中国仏教の歴史は、そのように理解されている。

ここに言う弥勒とは、もちろん中国語訳の経典に語られたそれである。遠い未来の世に現れ、真理にめざめて仏陀となるそれである。あえて言うなら、正統的な信仰対象としての弥勒である。そういう正統的弥勒から、阿弥陀へと、信仰の対象が転換するそのはざまには、今まで考えられてきた以上に大きな葛藤があったのだ。

ときは六世紀の後半にあたる。北魏は東西に分裂し、これに代わった国々もまもなく滅んだ。南中国の王朝もいよいよ終わりを迎えようとしていた。戦乱と天災によって飢饉がつづき、末法思想が蔓延する時代であった。北魏時代の龍門石窟に見られたような釈迦と弥勒の信仰はとっくにおとろえ、阿弥陀浄土教の勃興する前である。

そのとき人々は何に救いを求めたのか？　それは強力な救世主に変貌した弥勒であり、そのいち早い到来への期待であった。それはすべて中国人によって作られた疑経に語られていた。正統を自認する立派な方々からは、「異端的な弥勒信仰だ！」と非難されたろう。

過去の釈迦、遠い未来の弥勒、そのいずれにおいても「現在」が欠落した。しかし救世主としての弥勒を待望する異端的信仰にあっては、かぎりなく近い未来こそが問題となった。

「今このとき」がだめでも、「明日そのとき」に救いの可能性があるとしたら、そこに一縷《いちる》の望みをかける人々がいたにちがいない。そのとき、彼らの信仰は現実的で実践的な方向へと向かわざるをえなかった。

このような方向への転換は、どれほどそれが異端的であったとしても、のちの中国における、さらにはアジアにおける弥勒信仰のありかたを決定した。

為政者にとっては、みずからを弥勒の生まれ変わりとすることで、現在の政治体制を合法化するよりどころとなった。則天武后の武周革命がその典型である。

これと対照的に、現実の政治に不満をいだき絶望する民衆は、地下に潜伏して秘密結社を組織し、ときに反乱勢力と結びついた。近世の白蓮教《びゃくれんきょう》の遠いみなもとはここにある。そこでは弥勒信仰は道教や民間信仰といちじるしく混淆し、ますます仏教ほんらいのありかたから離れていったのである。

第四章

中央アジアへ

信仰の国

法顕《ほっけん》はお経をさがしに中国を旅立ち、インダス川上流のダレルにいたった。ここに弥勒の巨像があったことは、前にふれた。法顕はそこまで行く途中に、タクラマカン砂漠の南西にあるコータンの国に立ち寄って、三カ月ほど滞在している。それは行像《ぎょうぞう》を見物するためだった。

行像というのは、生まれたばかりのお釈迦さまの像を山車《だし》にのせて町中をねり歩くまつりである。今では、小さなお釈迦さまの像に甘茶をかける灌仏《かんぶつ》だけ行なうのがふつうになってしまった（それさえもあまり見られなくなったが）。かつて中央アジアの国々では、国をあげての行事としてもよおされていた。

これは北中国へも伝えられた。そこでは皇帝みずからが先導して行進したという。その盛大なありさまは、六世紀の『洛陽伽藍記《らくようがらんき》』に語られており、石窟寺院に残された壁画や浮き彫りによってしのぶことができる。

供養図（龍門石窟将来、カンサスシティ・ネルソン美術館）

コータンの国は、とりわけ大規模な行像のまつりで知られていた。法顕はこれを見たさに三カ月も逗留して、まつりのはじまりを待った。

たいして大きくもなかったろうコータンの町に、大きな寺が十四もあったという。一つの寺ごとに一日がかりで行像がもよおされた。よその土地ならたいていは一両日で終わるまつりが、ここでは二週間もかかる。宮殿のような山車をしつらえ、そこに仏、菩薩、天人たちの像をならべた。国王はこれを出迎え、冠をぬぎ、はだしになって、仏像の足もとにひれふした。山車が城内にはいると、花びらが雨のように降りそそいだという。

砂漠のオアシス都市コータンは、かくも篤《あつ》い信仰の国であった。

コータンのあった地域は、今はトゥルキスタンと呼ばれる。これは「トルコ人の住むところ」という意味である。九世紀の後半に、トルコ系の民族が大挙して移動してきた。これ以降、中央アジアはトルコ系の定住民によるイスラム社会へと、まったくの変貌をとげてしまうのである。

『ザンバスタの書』

コータンの国で話されていたことばは滅びてしまった。砂漠から見つかった写本に書かれていたのは、イラン語の系統に属する言語であった。コータン・サカ語の名で呼ばれる。

コータンのことばで記された仏教の文献に、『ザンバスタの書』と呼ばれる詩篇がある。

二十世紀の中央アジア探検によって発見された紙の写本が、まとまってサンクト・ペテルブルグのアジア民族博物館に保存されている。他にカルカッタのアジア協会やロンドンの大英博物館にも数枚ずつある。京都の龍谷大学にも一枚伝わっている。

書かれている文字は、グプタ・ブラフミー文字の正書体、いわゆる直立グプタ文字である。これは、デーヴァナーガリー文字（ヒンドゥー教や仏教のテクストに現在も用いられている）が現れる前に、インドや中央アジアで広く用いられていた。お墓の卒都婆《そとば》に書かれる梵字《ぼんじ》、いわゆる悉曇《しったん》文字は、その親戚である。

書写された年代は、八世紀もしくは九世紀とされる。ただし、使われている言語はそれよりいくらか古い時代にさかのぼるという。

冒頭が欠けているので、もとの題名はわからない。残っている部分は二十四のまとまりがある（これを章と見なす）。いくつかの章の終わりに、ザンバスタという名の役人がこの本を書かせたとあるところから、現在は『ザンバスタの書』と通称されている。

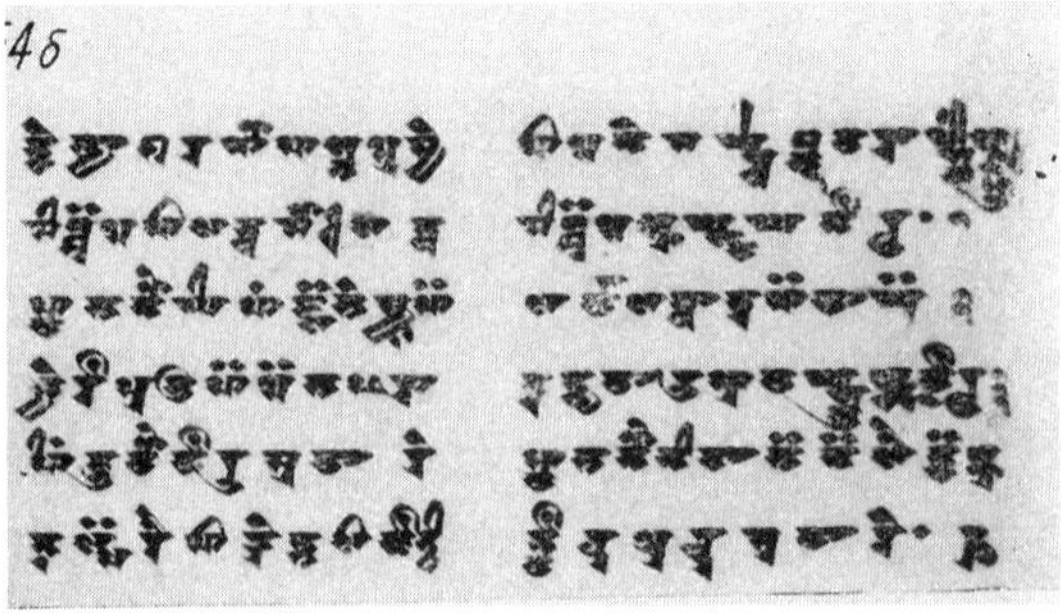

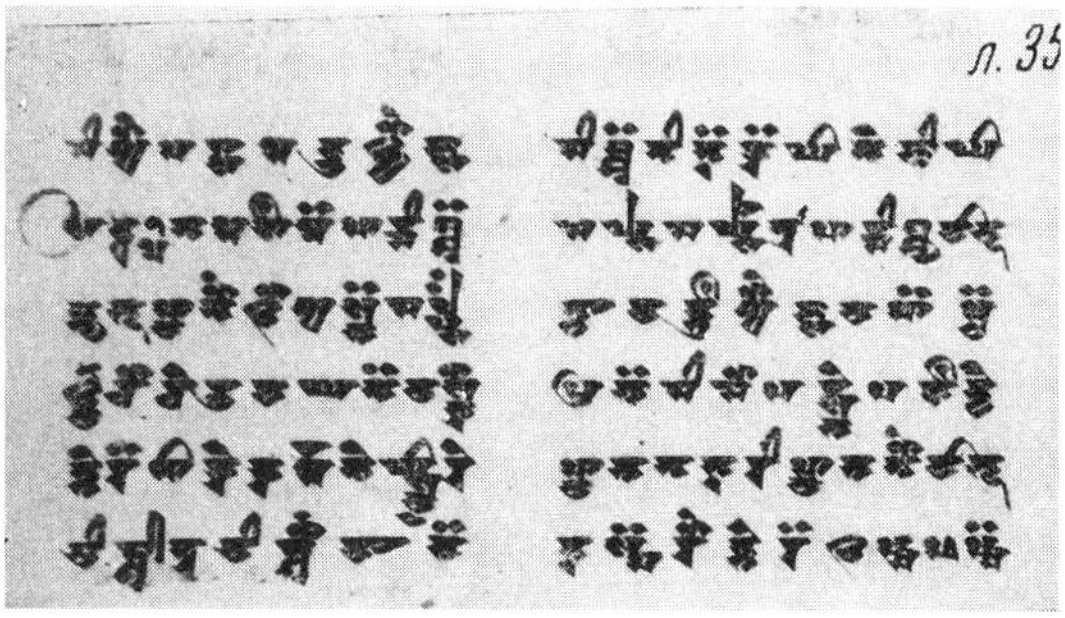
『ザンバスタの書』（コータン語写本、サンクト・ペテルブルグ、アジア民族博物館）

仏教の手引き書

　この『ザンバスタの書』は、いろいろな仏教文献の寄せ集めである。仏教がよくわかるように作られた手引きだと考える研究者もいる。明らかにサンスクリット文献から訳したらしい部分がある。たとえば、第十二章はアサンガ（無着《むちゃく》）の『ボディサットヴァ・ブーミ（菩薩地論《ぼさつじろん》）』に対応している。また、中国語訳の仏教経典との関連をうかがわせる部分もある。第二十三章は、デーヴァプラジュニャー（提雲般若《だいうんはんにゃ》）が訳した『造《ぞう》像功徳経《ぞうくどくきょう》』に対応するという。

　しかし、『ザンバスタの書』の全体に対応するようなサンスクリットや中国語の文献は、今のところ見つかっていない。はじめからなかったとすれば、この大部の詩篇が編集されたのはコータンにおいてであったと考えねばならなくなる。

　『ザンバスタの書』の中には、サンスクリットや中国語の訳本に対応するものがなく、他に類似するものも確認できない部分がいくつかある。第二十二章の後半はその一つである。未来において弥勒に出会えることが語られている。その内容から『弥勒との出会い』と通称される。以下は『出会い』と呼ぼう。

インドか中国か？

『出会い』は、サンスクリットの原典らしきものが見つかっていない。それでもやはり、なんらかのサンスクリット文献にもとづいて、中央アジアで作られたと考えられている。つまりインド起源の物語に取材した作品と見なされているわけである。

しかし、この物語を読んでみると、かならずしもそうとは断定できない部分も少なくない。むしろ、中国で訳された、もしくは中国で作られた文献をもとにしたと思われるところがある。中央アジアで作られた『出会い』は、インドの弥勒信仰からいきなり生まれたものではなく、中国でさかんになった弥勒信仰に影響されたところがあったのではないか、と筆者は考えている。

その根拠のひとつは、使われていることばにかかわる。『出会い』の中には、いくつかのサンスクリット文献が中国語に訳されたとき、中国人によって改められてしまった表現が用いられている。もちろん『出会い』の方が先にできており、そこで改められた表現が中国に伝わったということも、可能性としてはありうる。しかし、中国語の文献のほうが明らかに年代が先行するから、その可能性は低い。

もうひとつの根拠は、語られている思想にかかわる。

『ザンバスタの書』第二十二章では、弥勒との出会いが語られる前に、釈迦が死に臨んで、やがておとずれるであろう教えの危機について弟子たちに説いている。そこでは法滅が主題となっており、法滅の危機を前提とし、それを克服するものとして弥勒の到来が語られる。このようなかたちで、法滅と弥勒の救済を結びつけたのは、五世紀から六世紀にかけて中国で作られた疑経だった。

以上の点について、もう少しくわしく考えてみたい。

未来の理想世界

『出会い』には、未来に弥勒が現れるときの世界のようすが語られる。未来の世界とは、人々にとって理想の世界である。弥勒が現れるとき、理想の世界が実現するものとして物語は展開する。

そのとき、世界はとてつもない広さになり、大地から丘やくぼみが消えて、あたかも「人のまっすぐな手のひらのように平ら」になるという。そこには、やわらかな草が生え、花は咲きみだれて甘く香る。大きな木にくだものがたわわに実り、小鳥たちが来てさえずる。池は白蓮華《クムダ》や青蓮華《ウトパラ》でおおわれている。夜ごとに雨が少し降り、朝にはきまって晴れあがる。そこに暮らす人々は、信仰に篤く、あらゆる悪から遠ざかる。彼らの寿命は八万歳である。つづけて言う。

> そこでは、年に一度種をまけば十倍に育つだろう。〔雑草を〕のぞかなくてもよく育ち、ふさわしい時に雨が降る。おいしく清らかでこころよい食物が、人々を活気づける。香りのよい米が、あたかも天上の香りある草木のように育つだろう。

ここに語られた未来における理想世界のありさまは、サンスクリット本の『約束』にも同じように語られている。

願望の変化

ところで、アジアのさまざまな地域のことばに訳された『約束』は、あらすじにおいて、どれも同じ内容である。にもかかわらず、未来の理想世界についての記述は、訳された地域によって少しずつ変化している。とりわけ自然描写においてそれがいちじるしい。それぞれの地域における理想の自然観の違いを、そこに読み取ることができるほどである。

コータン語の『出会い』は、『約束』と直接の関係はない。しかし、弥勒が現れるときの理想世界のありさまを語ったところは、サンスクリット本の『約束』やその中国語訳である『下生経《げしょうきょう》』と対応する部分がある。

サンスクリット本の『約束』は、未来の世界について『出会い』と同じように語っている。大地には青々とした草がしげり、木々は花とくだものを生じ、人びとは良い行ないのゆえに、そこに生まれ、寿命は八万歳だという。そして、綿が敷いてあるようにやわらかい大地からは、「耕さずとも自然に甘く香りのある米ができるだろう」とある。

このサンスクリット本の『約束』をほぼ忠実に翻訳したチベット語訳でも、大地がゆたかな実りをもたらすことを述べて、耕さなくとも自然においしい米ができる、としている。中国語訳の中では、八世紀に義浄《ぎじょう》が訳した『弥勒下生成仏経《みろくげしょうじょうぶつきょう》』が、ほぼサンスクリット本の『約束』に対応する。

苦労しなくても収穫があるとしたら、つらい農作業にとって、ありがたいことこのうえない。ここには農業にかかわるひとつの願望が表明されている。

ところで、そういった願望のなかみは、地域によって違いがあることも予想されるだろう。

弥勒下生経変相（敦煌莫高窟第 55 窟）

「一種七穫」の願い

クマーラジーヴァが訳した『弥勒下生成仏経』では、この部分がいくらか変化している。そこでは、「雨は時節にかなって穀物がさかんに実り、雑草にわずらわされることはない。一度種をまけば七倍もの収穫がある」とある。同じくクマーラジーヴァ訳の『弥勒大成仏経』ではさらに大げさになっている。一度の種まきで七倍の収穫があるのは、天の神々のおかげであり、また人々が徳を積んだ結果でもある。収穫された米は、「食べればこなれがよく、味わいに富み、香りのよいこと比べるものがない」という。

このように、『約束』がアジアのさまざまな地域に伝えられていく過程で、味のよい米が耕さずに自然にできるという記述と、一度の種まきで数倍の収穫があるという記述に分かれたのである。

一度の種まきで数倍の収穫があるという、このあつかましい願望は、道教経典にも出てくる。『洞《どう》淵《えん》神《しん》呪《じゅ》経《きょう》』については、第三章でもふれた。大災害ののちに天地が改められ、そのとき「世界は楽土となる。一度の種まきで九倍もの収穫があり、人々は寿命を増して、三千歳に至り、後にはもっと伸びるだろう」と、巻一に語られている。この文はどう見てもクマーラジーヴァ訳からの借り物である。

ここに「一度の種まきで九倍もの収穫」とあるのは、クマーラジーヴァ訳に「一度の種まきで七倍もの収穫」とあるのと変わりがない。『弥勒下生成仏経』と『弥勒大成仏経』がいつ訳されたかは不明だが、クマーラジーヴァは四一三年に没しているから、それより前にはちがいない。『洞淵神呪経』巻一の成立は四二〇年ごろ。そうすると、文献の成立年代においては、クマーラジーヴァ訳が『洞淵神呪経』に先行するわけである。

とはいっても、道教文献の記述がただちにクマーラジーヴァ訳に影響されたとは断定できない。なぜなら、このような発想そのものは中国に先例があったからだ。

あつかましい先例

紀元後一世紀の王充《おうじゅう》は『論衡《ろんこう》』の中で、一本の茎に九つの穂が実る稲について伝えている。原文は「一茎九穂《いっけいきゅうすい》」である。中国では神農《しんのう》という神話の王さまの昔から、数倍の穂が実る稲を「嘉《か》禾《か》」と呼んで、王さまが世の中をよく治めていることのしるしと考えた。

『約束』では、弥勒が現れるのは転輪聖王《てんりんじょうおう》という理想の王さまが治める時代であるという。したがって、ふだんの何倍もの収穫があることは、転輪聖王の御代《みよ》にふさわしいことなのだ。

ついでに言えば、『洞淵神呪経』においても、天地が改まったあと真君《しんくん》と呼ばれる理想の王さまが現れるとある。こっちにしても、めでたいしるしに変わりはない。

クマーラジーヴァ訳の原文は「一種七穫《いっしゅしちかく》」である。『洞淵神呪経』の原文は「一種九収《いっしゅきゅうしゅう》」である。王充の「一茎九穂」とよく似た表現である。「一種七穫」がもしサンスクリットや中央アジアの文献からの直訳でないとすれば、クマーラジーヴァが『約束』を中国語に訳したときに、中国の先例を取り入れたとも考えられるだろう。

自然観の投影

コータン語の『出会い』には、「年に一度種をまけば十倍に育つ」とあった。では、コータン語の『出会い』はクマーラジーヴァ訳の『弥勒下生成仏経』と『弥勒大成仏経』より先にできたのだろうか？

『出会い』の成立年代は、現段階では厳密に言えば不明というほかない。しかし現存する写本によって見るかぎり、八世紀を大きくさかのぼることはなかろう。それに対してクマーラジーヴァ訳は、おそくとも五世紀のはじめまでになされている。

以上のことから考えると、やはり「一度の種まきで数倍の収穫がある」という表現は、中央アジアに先例があるのではなく、中国で生まれたと判断してよいと思う。

はたしてそうであるなら、この事実からわたしたちは何を学ぶことができるだろうか？

『約束』のサンスクリット本やチベット語訳には、「耕さずとも自然においしい米ができる」とあった。かたや、クマーラジーヴァが訳したふたつの『下生経』には、「一度の種まきで何倍もの収穫がある」とあった。コータン語の『出会い』もそれをくりかえしている。

どっちにしたって、ずいぶんがめつい話ではないか。ただ、がめつさのなかみは同じではない。「耕さず……」の方は、働かずして満足な結果を得ようというわけだ。なんという怠慢だろう。努力をいとう無気力な態度がここにはある。しかし一方には、無理に人間の手を加えないことが、じつは自然界の大いなる力を引き出すことにつながるという、いわば自然への信頼がある。それは自然の摂理への順応にちがいない。大いなる自然の中で人も生きるという姿勢がその背後にあるとは言えないか。

これに対して「一度の種まき……」の方は、働く意欲だけはあるらしい。穀物の刈り入れは重労働だが、少ない資本で多くの利潤が得られるのであれば、それもいとわない。なんという貪欲さだろう。無理な収穫は土地に負担をしいることになるはずだが、なにより利益が大事。自然のサイクルを乱すことなどおかまいなし。ここには自然保護より経済原理を優先させる姿勢が露骨に表れていると言えそうである。

文献が成立した順序を考えれば、『約束』のもとの文章は「耕さずとも自然においしい米ができる」であろう。それが異なった文化圏に伝わる過程で変化した。中国語の訳本において「一度の種まきで何倍もの収穫がある」へと変化した文が、中央アジアで作られた『出会い』でも同じようにくりかえされたのである。

世界の危機

中央アジア製の『出会い』には、中国語訳の『下生経』から借用したらしい表現が見られた。さらにこの中央アジア製の文献には、中国製の疑経において形成された思想が受けつがれているようである。次にその点について考えてみたい。

『出会い』を含む『ザンバスタの書』第二十二章は、釈迦が死ぬ前に弟子たちに残したことばからできている。それは二つの部分からなる。

前半は、釈迦が弟子たちに後事をたくす場面である。写本が失われているため冒頭が欠けているが、後半へ連続する部分は残っている。後半が未来における弥勒の出現を語った『出会い』である。

前半・後半ともにサンスクリット文献に対応するものがなく、中国語訳にも直接に対応するものはない。しかし、少なくとも前半の内容は、釈迦の死をめぐるもろもろの経典に語られたことがらと、だいたい一致する。

死に臨んで釈迦は、弟子たちに教えを広めることをまかせ、在家の人々には教えを広める者たちへの施しをたのんだ。それから、「生と死がくりかえす苦しみは、決して永遠につづくことはない」と語った。さらにつづけて言う。「終わりの時には、僧侶たちのあいだに乱れが生じる。すぐれた修行者がつねにどこにでもいるわけではなくなる」と。それを聞いて人々は、自分らをあとに残さないでほしいと願った。そこで釈迦は、未来にも希望があることを告げる。いつかかならず弥勒が現れて、人々を導いてくれると語りはじめたのである。

釈迦は死に臨んで、やがて訪れるであろう教団の危機を予告した。そしてそれにおびえる人々に、弥勒の到来を語って、未来への希望を示したのであった。

ここでは、未来における危機につづいて、弥勒の出現が用意されている。弥勒の出現は、人々の危機感を前提としているのである。

法滅の予言

『ザンバスタの書』第二十二章は、前半において、釈迦が未来における危機について語ったのち、後半の『出会い』に入る。

まず弥勒が現れるときの未来のありさまが語られる。弥勒が世に現れると、その知らせは世界のすみずみにまで達するという。ブラフマンをはじめとする神々は天からくだってきて、弥勒の足もとに身をかがめ、道に迷っている人々のために教えを説いてくれるよう願った。弥勒はそれにこたえ、人々が生と死のくりかえしの苦しみから解放されると宣言する。

これにつづけて、教えが滅びようとするときに、人々が乗り越えねばならない苦難が語られる。

教えが滅びようとするとき、教えを伝えていくのは、たいへんむずかしくなる。そのとき、人々は母も父もうやまわなくなる。修行者も僧侶も在家の人々のことなどかまわなくなる。人々は殺しあって、たがいの肉を食らい、持ち物をうばう。人々は偽りを言い、誤った見方をする。世界は五つの悪行によって乱されるだろう。

このような悪行が横行するさまは、中国製の疑経にもしばしば語られていた。そこでは、教えが滅びようとするとき、五つの悪行が世の中をけがすという。うそいつわりがはびこり、僧侶でさえ在家の信者をあざむく始末。殺生もなんのその。いつくしみの心などどこにもなく、おたがいが憎みあい、そねみあってばかりいる。……そういうありさまが、中国で作られた疑経においてくりかえされ、さらに『出会い』においても同じように語られたのであった。

腐敗の張本人

『出会い』にもどろう。

つづいて弥勒はマハーカーシャパ（大迦葉《だいかしょう》）のいる山にむかう。

釈迦のもっともすぐれた弟子のひとりであるマハーカーシャパは、遠い未来に弥勒が現れるまで死なずにいるように命じられた。そこで山中にこもって冥想にふけっていたのである。やがてマハーカーシャパは弥勒に出会うことがかない、ようやく生死のくりかえしの苦しみから解放される。マハーカーシャパの体はたちまち炎につつまれた。神々は彼の遺骨をあつめ、畏敬の念をいだく。ついで、弥勒の足から光が放たれ、それが地獄にまで達して、地獄におちたものたちを照らし、その苦しみを救う。

それから、救いようのない人々について語られる。弥勒が現れるまでに、悪い行ないを改めることができなければ、その者どもは、弥勒に出会えない。それはたとえ僧侶であっても同じことだ。

マハーカーシャパ像（敦煌莫高窟第439窟）

僧侶はたがいのあやまちばかり見つけようとする。在家の人々の前ですらそのようにする。真理と教えを身につけているのはだれなのか、在家の人々にはわからなくなる。……僧侶にふさわしくない行為を見るごとに、僧侶に対する不信の念が在家の人々に起きてくる。すぐにも僧侶のあやまちに気づき、その思いはますます大きくなるだろう。

教えの危機はかならずしも外からはやって来ない。むしろ内から湧いて出るのだ。『法滅尽経』も、ことばを尽くして教団の腐敗を糾弾する。およそ僧侶にあるまじき行為のかずかずをならべあげ、そのあげく、「仏の教えを軽んじさせるのは、すべてこういった者どものせいだ」と語っていた。

破局の予言へ

『出会い』はつづけて言う。

そのとき世界は混乱におちいる。飢饉が発生し、疫病が襲うだろう。戦乱が勃発し、季節はずれに嵐が起こる。人びとは教えを聞こうともしない。たとえ聞いても、だれも実行しない。教えの中にあるという徳は実現されない。教えを説く者たちに対して不信の念をいだいていた人は、とうとう教えそのものにさえ不信の念をいだくようになる。教えにはなんの権威もないと思うようになるだろう。

ここでは、教えが滅びるときにさまざまな自然災害が起きると予告されている。中国で作られた疑経においても、法滅の危機のみならず自然災害による世界の破局までが予言されており、それに対する警告と、そこからの救済が問題とされていた。くりかえすが、仏教ほんらいの伝統においては、法滅の危機と世界の破局とはまったく結びつかない。一方で、世界がいつか破局をむかえるという考えかたは、中国に古くからあり、儒教のいわば異端思想とでも言うべき讖緯《しんい》の文献にくりかえし語られていた。それが道教経典において世の終わりの予言へと展開し、さらに仏教の疑経において法滅の危機と結びついたのであった。『出会い』の中でも同じように、法滅の危機が世界の破局と連動している。

弥勒救済の筋書き

これだけのことを語ったのち、最後に釈迦はふたたび強調する。弥勒に出会うことができないなら、苦しみから解放されることはないと。反対に、もし弥勒に出会うことができたなら、あらゆる苦しみから救われるであろうと。

このように『出会い』は、釈迦の死後におとずれる法滅の危機と、さらに世界の破局につづくものとして、弥勒の出現を位置づけている。

こういった発想は、中国で『大般涅槃経《だいはつねはんぎょう》』が訳されたあと、同じように釈迦の死を語った経典が訳され、さらに中国人によって新たな経典が作られる過程で、少しずつ形成されてきたものである。それは東アジアで六世紀に成立したのであって、これより前にはインドにも中央アジアにも類似の思想を見出すことはできない。なぜなら、このような発想そのものが、そもそも仏教ほんらいの考えかたに反するからである。

いったい釈迦の死とは、生死のくりかえしから解放された究極の境地への移行、ということではなかったか？　世界の破局などとはまったく関係がない。しかし、中国の人々はこれを破局の発端としてとらえた。そしてこの危機を克服し人々を救う役割を、弥勒に期待したのだった。

僧侶の堕落、教えに対する不信の横行にはじまって、世の中の混乱と自然災害の発生が説かれ、それを救済するものとして弥勒の登場が説かれる。いずれも弥勒を救世主とした中国製の疑経に見られる筋書きである。

僧侶の堕落についてだけなら、中国語訳の仏教文献にすでにくりかえし説かれていた。のちに末法思想を説く経典が東アジアにもたらされ、六世紀の終わりには中国語に訳されている。『大集《だいじっ》経《きょう》月蔵分《がつぞうぶん》』には、僧侶の堕落だけでなく、災害や戦乱についての記述もある。しかし、それは道具立てがあるだけで、疑経におけるような展開にはなっていない。

中国製の疑経に見られる発想の延長線上に『出会い』があるなら、それは中国の弥勒信仰から影響を受けた文献、と言わねばならない。そこには東から西へ逆輸入された仏教思想が含まれている。すべてが西からもたらされたわけではないのだ。

西へ伝わる仏教

「仏教東漸《とうぜん》」ということばがある。

インドで生まれた仏教が、中央アジアの砂漠をへて中国に伝わり、そうして韓半島から海をこえて日本にまでやって来た。悠久の時の流れと、はるかな大陸の広がりを感じさせることばである。

しかし、仏教は単純に西から東へ伝わっただけではない。そのように見えてしまうのは、仏教のふるさとであるインドをつねに中心として考えるからではないか？　中国を中心に考えてみれば、一方向からの流れだけがあるのでないことは、すぐに予想できる。

それは仏教だけの問題ではない。

中国の西の方には、現在もイスラム教を信仰する中国人がたくさんいる。イスラム教は中国よりもっとずっと西で生まれたのだから、東よりは西にイスラム教徒が多いのは、なんの不思議もないような気がする。しかし、そうなった理由はそれほどかんたんではない。

張承志氏の『回教から見た中国』(中公新書、一九九三年)を読むと、そのことがよくわかる。――

イスラム教(回教)はもちろん陸路によっても中国へ伝えられたが、それだけではなく、アラビアから船でやって来た商人とともにもたらされてもいる。イスラム教が中国へ伝わった当初、つまり八世紀の唐の時代には、東の海沿いに多くの信者がいた。今も港町の広州《こうしゅう》には巨大なモスクが建っている。唐という王朝は、中国ではめずらしほど民族についても宗教についても、外国に対して開かれていた。しかし歴代の王朝がつねにそうであったわけではない。むしろそうでないことの方がよほど多かった。中国のイスラム教徒は長い歴史の中で、圧迫されつづけてきた。とりわけ清朝による弾圧で、やむなく中国の辺境へ、つまり西へ、移っていったのである。強制による移住も少なくなかった。――

中国の西にイスラム教徒がたくさん住んでいるのは、そういう理由からである。イスラム教のふるさとにより近い場所だからというのではない。シルクロードを西からやってきた人々もいただろうが、むしろ逆の場合もあった。地図だけ見ていてはだめなのである。やはり歴史をたどることが必要なのだ。

中国から中央アジアへ

インドから中央アジアへ仏教が伝わった。そして中央アジアから中国へ仏教が伝えられる。それは歴史の大きな流れである。しかし中国から中央アジアへ伝わった仏教もあった。

六世紀のなかばに突厥《とっくつ》と呼ばれる遊牧国家が中央アジアに現れた。そこで北中国の皇帝は、語学力ばつぐんの臣下に命じて『涅槃経《ねはんぎょう》』を突厥のことばに翻訳させた。これに序文をつけて、その国の君主である可汗《カガン》に贈っている。このことは『北斉書《ほくせいしょ》』という公式の歴史記録に書いてある。

このときの『涅槃経』が、中国語訳のどれにあたるのかまでは記録にない。しかし北中国で読まれていたのなら、ダルマラクシャが訳した『大般涅槃経』であろう。五世紀のはじめ、ダルマラクシャは中央アジアでサンスクリット本を手に入れ、中国語に訳した。それがこんどは中央アジアのことばになって、ふたたびかの地に伝えられたのである。

サマルカンドのマドラサ（イスラム神学校）

サマルカンドを中心にしたソグディアナでは、イラン語の系統に属するソグド語が話されていた。その地の人々は、とりわけ交易によって栄え、彼らのことばは中央アジアの広い範囲で流通した。トルコ系の民族が中央アジアに進出するまで、それはつづく。

ソグディアナの住人は商売が得意だったという。それならば、さぞかし商売にかんする文書がたくさん残っていそうだが、実際にはあまりない。かえって宗教書の方がたくさん残っている。仏教とキリスト教とマニ教の文献が知られる。おおむね八世紀以降に年代づけられている。ソグド語の仏教文献は、ほとんどが中国語から訳されたものらしい。

その中に『法王経《ほうおうきょう》』という禅宗のお経がある。内容から考えて、中国で作られた疑経とされる。サンスクリットから訳されたのではない。きっすいの中国製品である。そのため正統な経典とは見なされず、いつのまにか地上から姿を消した。それが二十世紀になって敦煌から写本が見つかった。『法王経』のソグド語訳本が見つかったのも同じ敦煌である。

中国にやってきた砂漠の商人が、そのころさかんになった禅宗に関心をいだいたのだろうか。中国製の禅宗文献が彼らのことばに訳された。もしかしたら、それはサマルカンドにまで広まっていったかもしれない。

ウイグルの仏教

九世紀に中央アジアに進出してきたトルコ系の民族は、やがてイスラム教の波にのみこまれていく。イスラム化する以前に彼らが信仰していたのは、やはり仏教やキリスト教やマニ教であった。それらの宗教文献は、彼らがみずからウイグル語と呼ぶ、トルコ系の言語で書かれている。

ウイグル語の仏教文献はほとんどが翻訳だという。どのような言語から訳されたかというと、サンスクリット、トカラ語、チベット語、中国語などである。『法華経《ほけきょう》』や『観無量寿経《かんむりょうじゅきょう》』などの、よく知られた仏教経典も中国語訳から重訳《じゅうやく》されている。なんでそんなことが言えるのかというと、たとえば「観世音菩薩《かんぜおんぼさつ》」ということばが、中国語の発音で書き写されているからである。

そのほか、玄奘《げんじょう》の伝記である『大慈恩寺三蔵法師伝《だいじおんじさんぞうほうしでん》』のような中国で作られた文献もウイグル語に訳された。さらに疑経として知られる『天地八陽神呪経《てんちはちようしんじゅきょう》』も訳されている。

これは、よろず厄よけのまじないのようなお経である。このお経を三遍となえるだけで、悪鬼をしりぞけ、災難をはらいのけることができるという。そのうえに、家を守り、お墓を守り、お産を軽くし、子どもたちをじょうぶにし、出世を保証し、病気をなおし、ついでにご先祖さまの犯した罪まで帳消しにしてくれる。なんでもござれの、じつにありがたく、うさんくさいお経である。今ならば、どこから見ても疑経にしか見えない。しかし、かえってそれだからこそ長いあいだ多くの人々に重宝がられたもしたのであろう。

敦煌に伝わる写本は百点をこえるという。敦煌写本の中でもずばぬけて点数が多いもののひとつである。伝わった範囲もはなはだ広い。チベット語やモンゴル語だけでなく、ウイグル語にも訳された。さらにハングルにもなっている。ユーラシア大陸の西へも東へも広まっていった。

日本には奈良時代にもたらされた。正倉院に残っている写経の記録に名が出ている。お寺の地鎮祭に用いるために写されたらしい。その後もいろいろなところで書き写されている。おそらく密教の坊さんか、あるいは陰陽師《おんみょうじ》によって読まれたのだろう。

このように、中央アジアから中国へ伝えられ、中国風に変容した仏教が、ふたたび中央アジアへ伝えられ広まっていった。中央アジアには中国製の品物がかなり広く行きわたっていたことを考えれば、中国製の仏教だって例外ではない。

『出会い』についても、そのことが言えるのではないかと思う。

トカラ語の『出会い』

コータン語と同じく、トゥルキスタンの砂漠から見つかった写本に、今ではもう使われなくなってしまった言語が書いてある。はじめバクトリアのトカレスターンと関係づけられてトカラ語と呼ばれた。その後の研究でトカレスターンとは関係がないことが判明した。しかし、それに代わる名称が決まらない。今もあいかわらずトカラ語と呼ばれている。

トカラ語の写本はトゥルファンだけでなく、タクラマカン砂漠の北のクチャからも見つかっている。同じトカラ語と言ってもかなり違いがあるらしい。トゥルファンで見つかった写本はどれも仏教にかかわるものばかり。一九〇六年にドイツの探検隊がトゥルファンにおいて発掘した資料の中に、トカラ語による『出会い』の断片があった。一九七四年には中国人によって、やはり断片が発掘されている。

いずれもその内容においてコータン語の『出会い』と類似する部分がある。しかし、まったく対応しない部分も少なくない。弥勒が子どもであるときのことがくわしく書かれていたりする。類似する部分だけを見ても、コータン語本から直接に訳されたようには思えない。

このトカラ語本と対応し、そこからかなり自由に翻訳されたのが、ウイグル語本である。これは複数の本が発見されている。それぞれの写本は枚数もかなり多い。だいたい九世紀から十世紀にかけて書写されたものと考えられている。

そのうちの一つに「あとがき」がある。それによれば、インドの言語からトカラ語に訳され、さらにウイグル語に訳されたという。そうすると、もともとの言語はサンスクリットであった可能性も考えられる。コータン語本とは事情が異なるようである。

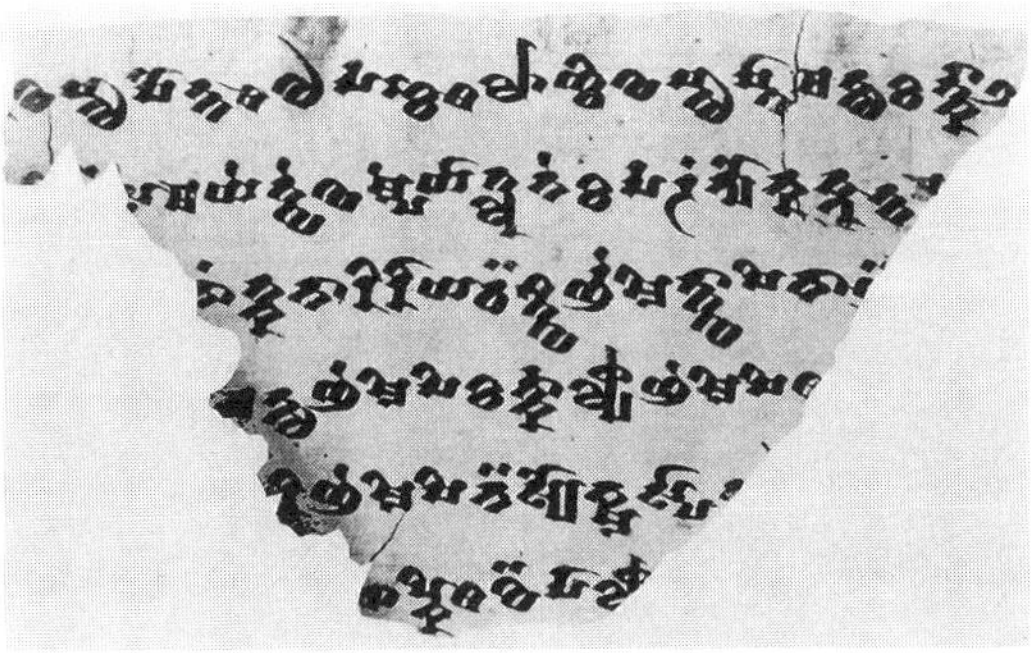

『弥勒との出会い』(トカラ語写本、新疆博物館)

アフラ・マツダー（イラン、ベヒストゥン）

光かがやくもの

コータン語の『出会い』には、まだまだ興味深い問題がある。それは他の宗教との習合《シンクレティズム》である。

この世に現れた弥勒は、古いインドの神さまであるブラフマンよりもすぐれた姿であるという。それほどにすぐれた人はかつてなかった。そのさまについて言う。「弥勒は光かがやいており、のぼる太陽のように光をはなつであろう」と。

ここで「太陽」と訳したのは“urmaysde”という単語である。アフラ・マツダー（Ahura mazdāh）が語源とされる。言わずと知れたゾロアスター教の神さま。いや、神さまというのは正確ではない。世界を支配する善と悪の二つの原理のうちの、善の方である。

ゾロアスター教を生んだ古代イラン人の考えでは、世界は善と悪の二つの原理が支配している。善は光であり、悪は闇である。善は世界に光をもたらし、悪は闇をもたらす。善は悪に対して戦いをいどむ。善がすべての悪に打ち勝って、世界から悪を追放し去るまで、この戦いはやむことがない。世界の歴史とは、すなわち善が悪を滅ぼし尽くすまでの戦いの歴史である。そこでの人間のつとめは、善が勝利をおさめるよう、ともに悪に対して戦いつづけることである。善の原理であるアフラ・マツダーは、光と闇のうちの光である。それは太陽のように光かがやく存在である。その光であるアフラ・マツダーに、弥勒がなぞらえられたのだ。

知恵の太陽

弥勒が世に現れ、真理にめざめて仏陀となったとき、ブラフマンがこう語った。

真理にめざめた知恵の太陽が現れた。蓮の池に花を咲かせよ。無知のゆえに花ひらいていない蓮がそこにはある。あらゆる苦しみから彼らを救え。彼らのために無知の闇を取りのぞけ。彼らのために教えを広めよ。

弥勒はこのことばにはげまされ、人々に教えを説く決心をした。

無知という闇に打ち勝つのは、知恵という光なのだ。真理の知恵にめざめた弥勒は、ここでは知恵の光そのものである。

知恵の光である弥勒は、人々に教えを説き、あまたの人々が真理にめざめようとこころざした。

そうしてのちに、弥勒は語った。「のぼる太陽のように、あなたがたは光かがやく。あなたがたの体は金剛石《ダイヤモンド》になった。あなたがたはあらゆる苦しみから解放されるのだ」と。

世界をおおっている無知という闇が、真理にめざめた弥勒の出現によって、かがやかしい光に変わる。そのとき真理にめざめる人々もまた、太陽のように光かがやくのである。

弥勒はアフラ・マツダーと同じように、闇に対する光としてとらえられた。弥勒だけではない。弥勒によってもたらされる真理へのめざめということが、闇をやぶる太陽光になぞらえられている。弥勒という個体を超えて、いわば教えの真理そのものが光へと昇華している。

闇をやぶる光

知恵の太陽が闇をやぶる、という表現は、じつはよく知られたものかもしれない。

このことばは『法華経』にもある。

『法華経』といえば、お経の中でももっとも有名なもののひとつではないか。中国語訳は三つある。なんといってもクマーラジーヴァの訳がよく読まれている。

全体はかなり長いものだが、そのうちでもとりわけ名高いのは、「観世音菩薩普門品《かんぜおんぼさつふもんぼん》」だろう。観音さまのありがたいご利益《りやく》を説いた章である。これだけ独立して読まれることも多い。

「普門品」の最後に詩がある。そこには、「けがれなくきよらかな光、知恵の太陽がさまざまな闇を打ちやぶり、わざわいの風と炎をしずめて、あまねく世界を明るく照らす」とある。「無垢清《むくしょう》浄光《じょうこう》。慧日《えにち》破《は》諸闇《しょあん》。能伏《のうぶく》災風《さいふう》火《か》。普明《ふみょう》照世間《しょうせけん》」と唱えられる段である。もっとも、この詩はもともとクマーラジーヴァの訳にはなかったが、七世紀のはじめに訳された『添品《てんぽん》妙《みょう》法《ほう》蓮《れん》華経《げきょう》』から補足された。

『法華経』のサンスクリット本には、「けがれなくきよらかな光、明るい知恵の太陽光、炎に打ち勝つ光が、かがやいて世界を照らす」とある。「明るい知恵の太陽光」のところは、テクストによっては「暗闇のない知恵の光」になっている。チベット語訳も同じ。また、「炎に打ち勝つ光」を「炎を消し去る光」とするテクストもある。

ここに言う光とは、観音さまが発する光である。あるいは観音菩薩そのものが、知恵の光を発する太陽としてとらえられている。

イラン的なるもの

知恵の太陽が闇をやぶるという考えかたがイランの宗教の影響によるとしたら、『法華経』までがそうだということになるのだろうか。『法華経』の全部とまでは言わないにしても、少なくとも「普門品」のあの文はそうだということにならないか？

それについては、こう考えたい。

それもありえないことではない、と。

仏教は中央アジアに伝わる前に、西北インドに伝わった。インドといっても今より範囲が広い。パキスタンやアフガニスタンの一部も含まれる。現在はイスラム教が信仰されているが、かつてはゾロアスター教が信仰されていた地域である。

イラン原産の宗教思想が濃厚に浸透しているところに仏教が伝わった。そこでなんの影響もこうむらなかったとしたら、かえって不自然な気がする。どんな宗教もみずからの純粋をかたくなに主張する。しかし現実には、他からなんの影響もこうむっていない宗教など（きわめて古い時代は別として）あるだろうか？

もちろん影響といっても、さまざまなレベルがある。たんなることばの模倣もある。思想における類似もある。だからその検証は慎重にされねばならない。

『法華経』がいつどこで成立したかという問題は、まだ解決されていない。これは大問題なので、筆者には立ち入ることができない。

先ほどの「普門品」の文については、古代インドのヴェーダ文献からの影響を考える必要もあるだろう。それに比べて、アフラ・マツダーを語源とするコータン語の「太陽」ということばは、もっとじかにイランの宗教とかかわりがあると言えそうだ。

マニ教の影響

古代のイラン人が考えるところの、闇に対する光の勝利。この勝利を実現させるものとして、人々は弥勒に期待した。これは直接にイランの宗教から取りいれたのか？

八、九世紀の中央アジアであれば、弥勒信仰に影響を与えたものとして、ゾロアスター教よりは、むしろその思想を受けついだマニ教について考える方がよいかもしれない。

マニ教は、三世紀にイラン人のマニがはじめた宗教である。キリスト教と対立して生まれたグノーシス思想を母胎としている。しかし善と悪の対立によって世界をとらえるその教えは、ゾロアスター教から多くのものを取り入れた（だからゾロアスター教の方が母胎だと考える研究者もいる）。

マニ教経典（ウイグル語写本、ベルリン・インド美術館）

雑種と言ってよい。むしろ、雑種だからこそどこへでも浸透しやすく、受けいれやすいのだ。その伝わった範囲はすこぶる広い。西は地中海から東は中国まで、文字どおり世界宗教へと発展した。古代キリスト教を代表する神学者の聖アウグスティヌスは、若いころマニ教の信者であったという。東に伝わったマニ教は、イスラム化する以前の中央アジアでおおいに信仰された。そこで仏教とも深いかかわりをもち、おたがいに影響しあうところが少なくなかった。

ウイグル語の『出会い』については、ことばのレベルにおいても、思想のレベルにおいてもマニ教との関係がすでに認められている。

コータンで作られた『出会い』にもマニ教の影響がうかがえる、とは言えないだろうか。そこでは東と西の文化がまざりあっている。

コータン・オアシスのバザール（1900年スタイン撮影）

コータン仏教の終焉

それでは『出会い』は、いつ、どのような状況のもとで作られたのか？

五世紀のはじめにコータンをおとずれた法顕は、かの地で仏教がさかんに信仰されているようすを伝えた。七世紀には玄奘がインドからの帰りに立ち寄っている。『大唐西域記《だいとうさいいき》』の最後は、コータンの思い出である。いくつかの寺院のありさまと、そこにまつわる伝説のかずかずを書きとどめ、なおも信仰が生きていたことを伝えている。

しかし、八世紀にインドにおもむいた新羅《シルラ》の慧超《ヘチョ》は、帰途にコータンの国のようすをわずかに記しただけである。そして、これ以降はほとんど記録をとどめなくなった。

あいつぐ異民族の侵入によって、仏教国コータンは衰退していった。いつのころまで、コータンの仏教が栄えていたのかは知りようがない。どのような状況の中で『出会い』が書かれたのかもわからない。

『出会い』には、それが書かれた時代のありさまをうかがわせるような記述は見あたらない。しかし、かりに中国伝来の思想であるにせよ、弥勒救済への期待がそこに強く表明されているならば、やはり身近に危機がおとずれつつある時代にそれは書かれた、と考えてよいのではないか。

慧超がタクラマカン砂漠を通過した、そのわずか一世紀のちには、古いトルコのことばを話す人々が大挙して中央アジアに進出をはじめた。盛大な行像のまつりで、その名を中国にまでとどろかせた仏教の国は、やがてイスラム世界に飲みこまれたのである。

第五章 ふたたび韓国へ

小さな仏像

ソウルの国立中央博物館に小さな金色の仏像がある。

美術に趣味はないけれど、この仏像が好きだ。中央博物館をおとずれるたびに会いたくなる。

すずしげな顔立ちをしている。線が細く、さわると指が切れそうな、するどさがある。

高さは十センチにも満たない。両手にすっぽり入るよう。光背の裏には銘文が刻んである。高句麗《コグリョ》の年号だという。韓半島が三つにわかれて勢力を争っていたころ、そのもっとも北にあった高句麗からもたらされた。

小さな仏像だから、きっとたいせつに布にくるんで、だれかのふところにでもかかえて運ばれたにちがいない。

そのようにして、仏教の信仰も少しずつ人々のあいだに伝わっていったのだろう。

小金銅仏（ソウル国立中央博物館）

安寿と厨子王

小さいころに絵本で読んだ「安寿《あんじゅ》と厨子王《ずしおう》」の話がある。

たしかこんな話だった。――

越後《えちご》の国に安寿と厨子王という姉と弟がいた。父は京のみやこへ仕えに行ったまま、たよりがとだえた。母はふたりの子をつれて父のゆくえをさがしに越後を旅立った。ところが、悪いやつにだまされて、母は佐渡《さど》へ売られ、安寿と厨子王は丹後《たんご》に売られた。そこは人買いの家だった。

安寿と厨子王は逃亡をくわだてる。姉は弟ひとりを逃がすことにした。そのとき姉は弟に、守り本尊の仏さまを持たせてやった。この仏さまがかならずおまえを守ってくれるから、おとうさんに会えたら、かならず迎えにきておくれ。……そう言って、弟を逃がした。

厨子王はみやこにたどり着く。その晩はお寺のお堂にやどった。そこへお籠《こ》もりにきた男がいる。男は娘の病気が治るように願をかけていた。観音さまのお告げがある。「かたわらの子がありがたい仏さまを持っている。その仏さまをおがませれば、娘の病気はなおるだろう」と。男は厨子王をつれて帰った。娘に仏像をおがませたところ、たちまち病気がなおった。

厨子王は男の家に養われ、やがて丹後の守《かみ》となった。姉はすでにこの世になかった。それから佐渡へわたって母をさがした。母はめしいとなっていた。母にだきつくと、母の目は開いた。――

この話は、もとは説経節《せっきょうぶし》で語られたという。説経がたりによって伝えられ、広まったのである。説経がたりがすたれたのち、森鷗外《もりおうがい》の「山椒大夫《さんしょうだゆう》」で有名になった。

もうひとつの仏教伝来

物語に出てくる仏像は、安寿が父のかたみとしてだいじにし、にげる厨子王に手わたしたくらいだから、さぞかし小さな像だったろう。そんな像が日本海側には多く伝わっていたのである。船で韓半島から日本列島にわたってくる人々がたくさんいた。べつに仏教をひろめるためではなく、あきないのためにやって来た人もいただろう。そういう人々がお守りに持ってきたものが、誰かの手にわたったこともあったろう。

そのようにして伝来した仏教もあったのだ。

韓半島へ仏教が伝わったときにも、同じようなことがあったかもしれない。

韓半島にいつ、どのように仏教が伝わったかについては、いろいろな本にいろいろなことが書いてある。しかしそれは、どれも記録に残るような、えらい人々が伝えた仏教のことばかりである。もちろんそうして国がらみで宗教が伝わることもあったにちがいない。しかしそればかりでもなかったと思う。

ピョンヤンの弥勒像

一九四〇年に平壌《ピョンヤン》の近くで一体の仏像が掘り出された。一九四〇年といえば、日本がまだ韓国を植民地にしていたときである。その後、韓国は独立を達成したが、混乱はつづいていた。仏像はしばらくゆくえがわからなかったが、大韓民国で個人の所蔵品になっていたことが明らかになった。国宝にも指定された。

現在も個人の所蔵品であるから、写真でしか見たことがない。片脚をひざの上にのせて、考えこんでいる姿。いわゆる半跏思惟像《はんかしゆいぞう》である。たおやかですらりとしている。冠は、ちょこっとかぶった帽子のよう。ほおづえをついていたはずの右手の先は欠けている。ところどころ金箔がはげていて、ずいぶん痛んでいるみたいだ。

高さは十八センチだという。光背はついていない。ただ、頭のうしろに光背をつけるための出っぱりがある。この仏像が見つかったのと同じ場所で、戦後になってから光背も見つかっている。仏像が掘り出されたときに居合わ

金銅半跏思惟像（金東鉉氏所蔵）

せた人の証言では、もとは光背がくっついていたという。戦後に見つかった光背が、はたしてそれだったのか、今となっては確かめようもない。

光背のうらには銘文がある。わずか数十字の文である。亡くなったおかあさんのために弥勒の像を作るという。おかあさんが弥勒の教えにあずかれますようにという願いが刻まれている。

永康《えいこう》七年という年号もある。三国時代の韓半島にはこの年号は見あたらない。中国の年号ではないかという意見もあった。たしかに四世紀の終わりの中国で、この年号が用いられている。しかし、韓国の研究者の多くは、そんなに早いものとは考えていない。高句麗の逸年号《いつねんごう》（正式には用いられなかった年号）ではないかという。六世紀の作とされている。

この銘文に書かれていることは、龍門石窟の造像記にたくさん見られた文と変わりがない。北魏時代の弥勒信仰が高句麗にも伝えられたのだ。

『三国史記』によれば高句麗への仏教伝来は三七二年とされる。けれども、それより前から人々の行き来のなかで、仏教は伝えられていたかもしれない。平壌から見つかった仏像も小さなものであった。たぶん同じような像が中国から韓半島へもたらされ、さらに韓半島のあちらこちらへ広まっていったのだろう。

西暦五五二年

百済《ペクチェ》の聖王《ソンワン》、といえば、日本の仏教にとってたいへん重要な人物だ。『日本書紀《にほんしょき》』によれば、聖王は日本に使者をつかわし、仏像や経典を贈ったという。贈られたほうの日本では、これをおまつりすべきか、よしたほうがいいかで、右往左往することになるのだが、それはとにかくとして、これが日本に仏教が伝わった最初とされる。『日本書紀』には「聖明王」という名で出ている、その聖王の三十年のことであった。西暦だと五五二年にあたる。

この年は、第一章で述べたように、中国における末法のはじまりとされる年であった。中国であれほどさわがれたくらいだから、この情報はもちろん韓半島にも伝わっていたにちがいない。のちに韓半島では末法のはじまりを、さらに五百年おくらせて考えるようになる。しかし、五五二年の時点で、なんの反応もなかったとは思えない。

聖王の四年、西暦五二六年のことである。謙益《キョムイク》という坊さんが船でインドにむかった。このときすでに南まわりの航路がひらけていたらしい。謙益は仏教のふるさとでしばらく学んだ。そして多くの経典をたずさえて帰国した。

帰国後は、たずさえてきたサンスクリットのお経を翻訳した。その時代であれば、中国語に訳したのだろう。とりわけ教団の決まりと心がけ(まとめて戒律《かいりつ》と呼ぶ)にかんする経典が多かった。

なぜ、戒律の経典が多かったのか?

百済仏教がめざすもの

百済に仏教が伝わったのは、『三国史記』によれば、枕流王《チムユワン》のとき、三八四年とされる。南中国の東晋から百済に僧がやってきたという。だとすれば、聖王の時代には、すでに中国からかなりの経典がもたらされていたはずである。戒律にかんして基本となる経典は、このとき中国ではすでにあらかた訳されていた。それなのに、あえてインドにまでおもむいて戒律経典をもたらしたのには、何かそれなりの理由がなければならない。

おそらくそれは、理想の仏教社会を建設しようという意図にもとづくのではないか。そこでは戒律が実践される。そのような社会はきっと理想の社会にちがいない。それはまた、弥勒が下生し、理想の国が地上に実現することとも結びついているだろう。

聖王という王さまの名さえも、弥勒が現れるとき世を治めているという転輪聖王《てんりんじょうおう》にちなむ。

——そのように考える韓国の研究者もいる。

理想社会の建設。

そこには強い意気ごみがある。三国があい争う、その混乱をつきぬけて理想の社会を作る。末法の危機をも乗りこえて理想の世界が実現する。

これはやがて百済の総力をあげた益山《イクサン》弥勒寺の建立へとつながっていく。

謙益はあまたの経典を訳し終えて、のちに百済仏教における戒律の祖とあおがれた。以上のことは、史書に引かれた「弥勒仏光寺事跡記《みろくぶっこうじじせき》」によって知られる。それによれば、弥勒仏光寺《ミルクプルクワンサ》という名の寺があったようだ。もしかしたら益山弥勒寺に先立つ、百済仏教の根本道場だったかもしれない。現在はその所在さえ明らかではない。

おくれて出た新羅

三国のうちでは新羅《シルラ》がもっともおくれて、しかしもっとも旺盛に弥勒信仰を受けいれた。百済では国が総力をかたむけて弥勒を信仰した。それは新羅においても同じであった。いや、それ以上のものであった。

新羅では、弥勒信仰が伝わった早い時期から、護国《ごこく》の思想と結びついた。国をあげて弥勒を信仰することで、国が護《まも》られるという考えかたである。やがて三国時代も末期になると、それはいちじるしい展開をみせた。花郎《フワラン》という青年貴族集団の首領を、弥勒の生まれ変わりとして人々はあがめたのである。そのような信仰の普及が、七世紀の後半における新羅の半島統一に大きな力となったと考えられている。

新羅は三国のうちでは最後に登場した国である。

追いつけ追いこせの新興国家にとって、若くて役にたつ人間がたくさん必要だ。明治の日本を思いうかべたらよいかもしれない。有為な人材を求めるには、どうすればよいか？

人材は即席では得られない。人間の可能性というものは、じつにさまざまである。ちょっとやそっとで判断できるものではない。三年寝太郎というのもいるくらいだから。

よい人材を得るためには、若者をゆっくり見守り、育てていかねばならないだろう。

新羅では、そのためにちょっと変わった制度をもうけた。

女装の美男子

新羅の王さまは、貴族の子弟の中から、おこないが正しく、姿かたちの美しい若者を召しださせた。容貌はその持ち主をなんぴとにも推薦する、と鷗外の『雁』にも書いてある。くやしいけど、そういうものだろう。

そんなうっとりするような青年のもとには、また多くの同じような青年たちが、おのずから集まってくる。それがときには、何百人にもなったという。

そのもとは女性であった。原花《ウォンフワ》あるいは源花《ウォンフワ》と呼ばれた。結晶作用の核みたいなものかもしれない。あるいは花娘《フワラン》とも呼ぶ。読んで字のごとし。

しかしそれは失敗に終わった。花娘どうしの嫉妬が原因とされる。ありそうなことだ。しかし王さまは懲りもせずに、こんどは娘のかわりに男の子を選ぶことにした。みめうるわしい少年に、おしろいをつけて化粧させ、きらびやかに装わせたという。ちょっとあぶない。花娘という名も、花郎に変えた。こんどは成功した。
ふだんこれといった仕事はない。したってきた若者たちとともに、野にあそび、歌や踊りに興じる。貴族のドラ息子ばかりだから、これはお手のものだろう。だが、軟弱なだけではなかった。武芸の腕もみがく。神霊とまじわる呪《まじな》いも行なったという。

『三国史記』によれば、花郎の制度は真興《チヌン》王《ワン》のときにはじまるとされる。六世紀の中ごろである。新羅の国力がいちじるしく増大した時代であった。

真興王はまた、仏教をたっとんで多くの寺を建てさせた王さまとして知られる。

花郎は弥勒の化身であるともいわれるが、そのような言い伝えも、おそらくは真興王のころにはじまるのではなかろうか。このことは『三国史記』には書いてない。『三国遺事』のほうに出てくる話である。

では、どうして花郎が弥勒と結びついたのか？

弥勒の化身

『三国遺事』に、次のような話がある。——

慶州《キョンジュ》に興輪寺《フンリュンサ》という寺があった。今も跡だけ残っている。慶州は新羅の都。奈良のような古都である。

興輪寺に真慈《チンヂャ》という坊さんがいた。

いつもお堂の弥勒像にぬかづいて祈ったという。「弥勒さま、どうか花郎となってこの世に現れてください。そうして、わたしがいつもおそばでお仕えできるようにしてください」と。

そのせつなる思いは日ましに篤《あつ》くなった。あるとき、夢に一人の僧が現れて言う。「すぐに熊《ウン》川《チョン》の水源寺《スウォンサ》に行きなさい。そこで弥勒仙花《ミルクソンフワ》に会えるだろう」と。

熊川は、今の公州《コンジュ》だとされる。百済のかつての都である。弥勒仙花というのは、弥勒が化身した花郎のことである。

真慈は夢からさめると、さっそくその寺をたずねた。十日あまりの道のりを行くのに、一足ごとに一礼しつつ寺にむかったという。門前にいたると、りりしい少年が立っていた。少年は笑顔で真慈をむかえ、ねんごろに客間に案内した。

真慈は問う。「はじめて会ったわたしに、どうしてこんなに手厚くしてくださるのか」と。

少年は答える。「わたしも都のものでございます。先生が遠くからおいでになられたので、おもてなしをいたしとうございました」と。そう言って去ってしまった。

真慈はたいして気にもとめず、寺の僧にむかって夢の話をした。しかし、話があまりとりとめないので、僧はもてあまして言った。「寺の南に山があります。そこには昔から賢者がおり、神霊とつうじているそうですから、そこへ行かれたらいかがでしょう」と。

真慈は言われるままに山へ行ってみた。山の神が老人となって現れ、「何をお望みかな」と問うた。真慈は「弥勒仙花にお会いしたい」と答えると、老人は言う。「はて、さっき水源寺の門前にいたはずじゃが」と。真慈はおどろいて、いそぎ慶州へひきかえした。

花郎の活躍

あの少年は、自分も都のものだと言っていた。真慈は慶州の町なかをさがして歩いた。

ひと月あまりのち、ようやく見つけだすことができた。名を聞くと、「名は末尸《ミリ》といいます。幼いとき両親をなくしたので姓はわかりません」という。真慈はさっそく少年を王さまにまみえさせた。王さまはことのほか喜び、末尸を花郎としてうやまった。

末尸の立ち居ふるまいは、つねのものとは異なっていた。そのもとに集まってきた若者たちとも、たいそうむつみあった。名声が世にとどろくこと七年、ある日とつぜん、ゆくえが知れなくなった。真慈はおおいに悲しみ、年老いても末尸のことを忘れなかったという。——

新羅では、このような不思議な少年のもとに貴族の子弟がつどい、修養にはげんだ。そしていったん国にことあるときは、まっさきに戦場におもむいた。祖国のためには命もかえりみなかった。

新羅が半島を統一したときの第一の功臣であった金庾信《キムユシン》は、十五歳で花郎になった人物である。

彼のひきいた集団は龍華《ヨンフワ》香徒《ヒャンド》と呼ばれた。弥勒がこの世に現れて真理にめざめるとき、龍華樹《りゅうげじゅ》を背にするという。これは『下生経』に語られている。ちょうど釈迦が真理にめざめたとき、菩《ぼ》提樹《だいじゅ》を背にしたようなものだ。香徒《こうと》というのは結社を意味する。龍華香徒とは、つまり弥勒結社である。

　彼らが首領とあおぐその人は弥勒の化身である。その求心力はたいへんなものだったろう。国難にあたり団結できたのも、そのような信念があったからにちがいない。弥勒が彼らを守っているのだ。彼らは戦場にあっても退くことがなかったという。

　花郎という制度そのものは、部族社会にいくらもある青年集会と異ならない。しかし、その首領を超越者の生まれ変わりとするところに、新羅花郎の特異な点を見ることができるのではないか。

　三国時代の新羅においては、このように弥勒の現世への到来が人々によって期待された。その点では、六世紀の中国において弥勒やそれに先立つ救済者の出現が期待されたことの延長にあると言える。ただし、新羅にあっては弥勒到来への期待が、国家に対する反乱勢力に結びついたのではなく、むしろ国家をみちびく人々から望まれていた点に注意したいと思う。

夢に現れた仏像

　新羅における国をあげての弥勒信仰を反映して、弥勒の像もさかんに作られた。

花郎とこれにしたがう若者たちは、修養のひとつとして山野をめぐって歩いたという。慶州の南にそびえる南山《ナムサン》の山なみは、その絶好の道場だったろう。

現在、慶州の国立博物館には、南山の三花嶺《サムフワリョン》からもたらされたという石像がある。脚をそろえて腰かけた姿である。これは『三国遺事』に出てくる生義寺《センウィサ》の弥勒石像ではないか、と言われている。

慶州南山（慶尚北道慶州市）

『三国遺事』は、七世紀のこととして次のような話を伝える。——
生義《センウィ》という坊さんがいた。夢に一人の僧が出てきた。僧にうながされて生義は南山にのぼった。草を結んで目じるしを作りながら、山の南の洞穴にたどりつくと、僧は言った。「じつはわたしはここに埋もれているのです。掘り出して山のてっぺんまで運んでもらえませんか」と。生義は夢からさめると、なかまといっしょに南山に向かった。目じるしをたよりに洞穴にたどりつき、地面を掘ってみた。すると中から石の弥勒像が出てきた。それを三花嶺の上まで運び、寺を建ててまつった。のちに生義寺と呼ばれたという。——
この話に出てくる弥勒像が、はたして慶州の博物館にある

南山三花嶺の石像（国立慶州博物館）

石像かどうかはわからない。像の姿かたちは阿弥陀仏のようでもある。中国で唐の時代にさかんに作られるようになった阿弥陀の像が、いち早く新羅にもたらされたのではないか、という意見もあるくらいだ。

韓国の弥勒像といえば、片方の脚をもう片方のひざの上にのせ、ほおづえをついて考えこんでいる姿の、いわゆる半跏思惟像《はんかしゆいぞう》がよく知られている。しかし、弥勒像はかならずしも半跏思惟像にかぎったわけではない。ずいぶんいろいろな姿の弥勒像がある。第一章で述べた頭でっかちの巨像も弥勒だった。

脚を組んだ弥勒

弥勒の姿かたちは、時代や地域によってさまざまである。

中国に弥勒の像が伝わったはじめのころ、それは脚を×《バツ》のかたちに組んですわる姿だった。脚を交わらせているので、交脚《こうきゃく》像と呼ばれている。低いイスにすわったようなかっこうだ。イスがなければ、あぐらとかわりない。

ところで「あぐら」というのは、漢字で「胡座」と書く。「胡」とは「えびす」のこと。野蛮人という意味である。野蛮人のすわりかたなのである。中国人にとっては、自分たちの風俗とちがうもの、見たことないものは、なんでもかんでも野蛮なのである。胡瓜《きゅうり》も胡椒《こしょう》も胡麻《ごま》も胡桃《くるみ》も、みんなそうだ。

中国人は脚をそろえてイスにすわるから、脚を組んだすわりかたというのは、奇妙にうつるのかもしれない。だが中央アジアの人々にとっては、べつにめずらしくもない。馬からおりて、小さな折りたたみのイスにすわるなら、たいていこのかっこうだろう（脚をそろえて低いイスにすわったら、ウンチしているみたいだ）。

交脚弥勒像（敦煌莫高窟第275窟）

ちなみにフランス語では「あぐら」のことを「トルコずわり」という。ウンチング・スタイルの便所は「トルコ便所」、蒸し風呂は「トルコ風呂」である。自分たちになじみのないものは、なんでもトルコなのである。フランス人にしてみれば、いちばん近いアジアがトルコだから。

弥勒の像が中央アジアから伝わったとき、

交脚弥勒像と半跏思惟像（雲岡石窟第10窟）

その姿は低いイスにすわったような交脚像であった。中国の玄関口にあたる敦煌で作られた粘土の像は、この交脚の弥勒像であった。四世紀の終わりごろ作られたという。その後、五〜六世紀には雲岡でも龍門でも同じように交脚の弥勒像がたくさん作られた。第二章で述べた、「弥勒」という銘文を持った像は、多くが交脚像である。

ところでこの交脚の弥勒像が作られるとき、しばしばその両脇に半跏思惟像が作られた。なぜか？

両脇の「考える人」

そもそも半跏思惟像とは何を表したものなのか？

釈迦はもともと王さまの家に生まれた。しかし王子としての人生に満たされないものを感じて家出した。仏教では、字をひっくりかえして「出家《しゅっけ》」というけれども、同じことだ。家出したのはいいが、どうしたらよいのか迷いに迷った。いろいろな修行に取りくんでみた。どれもこれも疑問を解決するにはいたらなかった。悩みに悩んだ。じっくりと考えた。やがて釈迦は真理にめざめることができるのだけれども、めざめるまでのあいだは、じっくりと考えていたのであった。思惟《しゆい》していたのであった。

　この「じっくり考えている」姿を、かたちに表せば、脚を片ひざにのせて、ほおづえをつく姿となる。半跏思惟の像とは、真理にめざめるまでのあいだ、じっくりと考えている釈迦の姿なのである。だから真理にめざめてしまってからの釈迦の姿は、もはや半跏思惟の像では表さない。

　ところで弥勒というのは、どういう存在だったたか？

釈迦半跏思惟像（雲岡石窟第６窟）

　遠い未来にこの世に現れて、かつて釈迦が真理にめざめたように、真理にめざめる。——ということは、弥勒はまだ真理にめざめてはいない。だからきっと、じっくり考えている最中なのだろう。弥勒は今のところは、じっくり考えている、そういう存在である。

　それでは、交脚の弥勒像の両脇にある、じっくり考えている姿の二体の半跏思惟像は、いったい何なのか？

まんなかの像が弥勒なのだから、これはもちろん弥勒ではない。おそらくは、真理にめざめようとこころざして、じっくり考えている者たちであろう。弥勒そのものが、じっくり考えているという存在だった。それは、真理にめざめるまでのあいだ、じっくり考えていた釈迦と、同じ状態にある。だから、じっくり考えている者たちの姿は、弥勒の両脇にいるには、いかにもふさわしい。

中国では五世紀から六世紀はじめにかけて、半跏思惟像は、交脚の弥勒像の両脇に作られた。

思惟する像ただひとつ

ところが、いつのころからか、半跏思惟像がそれだけ独立して作られるようになった。南北朝時代の終わりごろ、六世紀の中ごろから北中国でかなりたくさん作られた。

これはいったい何の像か？

中国の仏像は、岩に彫られた大きな像であれ、金属で作られた小さな像であれ、銘文をともなっているものがたくさんある。その像が何であるか書かれている場合もある。交脚像がたいてい「弥勒像」と記されていることは、すでに述べた。脚をそろえて腰かける像にも「弥勒像」の銘記はある。だから、さきほどの慶州南山の像が弥勒像であってもおかしくない。

それでは、半跏思惟像についてはどうか？

半跏思惟像（河北省曲陽県出土、北京故宮博物院）

半跏思惟像（サン・フランシスコ、アジア美術館）

これを「思惟像」と記すものはいくつかある。じっくり考えている、つまり思惟している像だから、こう呼ばれる。「太子像」あるいは「太子思惟像」と記したものもある。太子とはシッダールタ太子、つまり釈迦のこと。

しかし、「弥勒像」としたものは、中国には存在しない。

ただふたつ、注意をひくものがある。

半跏思惟像は弥勒か？

ひとつは、北京の故宮《こきゅう》博物院にある半跏思惟像である。

北京の南西、河北《かほく》省の曲陽《きょくよう》県に修徳《しゅうとく》寺《じ》の遺跡がある。一九五三年にそこから大理石の仏像が大量に発見された。これ

半跏思惟像（河北省藁城県出土、正定文物保管所）

はそのひとつ。五五七年の銘文がある。そこには、「龍樹《りゅうじゅ》のとき」真理にめざめることを願って像を作る、と記されている。「龍樹」は龍華樹にちがいない。いつか龍華樹の下で弥勒が真理にめざめるとき、自分たちもともにめざめることができますように、ということだろう。そうすると像そのものは、弥勒に見立てられているのかもしれない。ただし、銘文には「思惟像」とだけある。

もうひとつは、同じ河北省の藁城《こうじょう》県で一九七八年に発見された大理石の像である。五六二年の銘がある。おもてには半跏像が二体ならべて表されている。上半身は考えこんでいる姿ではない。だから半跏ではあっても思惟像ではない。うらにも二体の半跏像がある。こちらは考えこんでいる姿。まさしく半跏思惟像である。台座に銘文があって、「弥勒破坐《はざ》像一軀」と記されている。

銘文には「一軀」とあるけれども、刻まれている像は、おもてにもうらにも二体づつある。銘文の「弥勒」がおもての像を言うものか、うらの像を言うものかわからない。「破坐」ということばもちょっと変わっている。半跏であることを言い表したのかもしれない。片ひざをのせた姿が、いかにもくずれたすわりかたに見えたのだろうか。

でも残念ながら、これだけでは半跏思惟像を「弥勒」と呼んだものと確定することはできない。

ただし、たしかな証拠にはならないとしても、半跏思惟像が弥勒と呼ばれるようになる可能性は暗示しているように思う。そのような移行へのきざしはうかがえる、と言えるかもしれない。

韓半島での造像

いずれにしても、中国では半跏思惟像は弥勒であった、とは今のところ断言できない。半跏思惟像は韓半島にも伝わった。六～七世紀、三国時代の韓半島では半跏思惟像がたくさん作られている。

では、韓半島では半跏思惟像は弥勒として信仰されたのだろうか？

忠清南道《チュンチョンナムド》の蓮花寺《ヨンフワサ》には、仏像を四面に刻んだ石があった。現在はソウルの国立中央博物館に保管されている。

石のおもてには仏像が五体刻まれている。まん中の大きな像は、あぐらを組んで台座にすわっている。うらには半跏思惟像を中央にして仏像が三体ある。両側面はいずれも小さな仏像が上と下にあり、そのあいだに銘文が彫ってある。うち一面はまったく摩耗しており、読める文字がひとつもない。もう一面は、かろうじて次のように読める。

戊寅年七月七日□□□
其家□状□□□□□
□一切衆生敬造阿弥陀弥
□□□

□のところは、文字が彫ってあることはまちがいないが、読むことができない。

一行目の「戊寅年《ぼいん》」というのは干支《えと》である。西暦で六一八年、もしくは六七八年にあてて考えられている。

韓国の研究者は、三行目の終わりから四行目にかけて「阿弥陀・弥勒」と書いてあった、と考えた。「弥勒」の「勒」の字は、じつは読めないのだが、こうであったにちがいないと推定したのである。末尾の文は、したがって「あらゆる衆生が敬《うやま》って阿弥陀と弥勒の像を造った」と解釈できる。そのうえで、おもての大きな仏像が、ここに言う阿弥陀であり、うらの半跏思惟像は弥勒であると推論した。

蓮花寺旧蔵石像（ソウル国立中央博物館）

この意見は韓国ではだいたい認められているようだ。

ただし、これはあくまで推定にもとづく推論である。半跏思惟像が弥勒と呼ばれていた物的証拠が見つかったわけではない。

新羅における流行

三国時代の韓半島で作られた多くの半跏思惟像は弥勒である、という説は日本の研究者によっても主張されている。

それによれば、まず、韓半島で作られた半跏思惟像のうち、小さな金属の像は別として、大型の像はほとんどが新羅で作られたものだという。その背後には、半跏思惟像を崇拝する人々がいたにちがいない。作られた時期は六世紀の後半から七世紀までのあいだに限られる。それはあたかも新羅が、花郎の活躍によって半島の統一にやっきになっていた時期にあたっている。しかも、七世紀の後半に半島統一が実現するころ、半跏思惟像はもうあまり作られなくなった。

以上のことがらをもとに次のような結論が導きだされた。すなわち、花郎を弥勒の生まれ変わりとして信仰する人々は半跏思惟像をその崇拝の対象にしていたのである、と。

この説は、新羅による半島統一への歩みと、半跏思惟像がさかんに作られた時期とがかさなることに注目した見解であり、半跏思惟像が作られた意図まで明らかにしたものとして、賛成する人が多いようだ。

しかし、この説に対しては韓国の研究者の一部から反論が出た。

それは議論の前提にかかわっている。

三国時代の韓半島でたくさんの半跏思惟像が作られたのはたしかだが、新羅で作られたものばかりではない。今までは無批判に新羅製とばかり言われてきた。しかし、実際には旧百済の地で作られた半跏思惟像も少なくない。そのような事実が少しづつ明らかになってきたのである。

百済製もあった

一九五八年に忠清南道の瑞山《ソサン》で磨崖仏《まがいぶつ》が発見された。山の中腹に三体の仏像が彫ってある。中央に立ち姿の大きな仏像、向かって左に小さな像、右には半跏思惟像が刻まれていた。

もとソウルの徳寿宮《トクスグン》にあった大型の半跏思惟像は、三国時代の韓半島を代表する作品である。これも出どころは確実にはわからない。日本が韓国を植民地にした時代に、多くの文化財が不法に持ち去られた。そのため、もとの場所や所有者がわからなくなってしまった。これが混乱の原因のひとつになっている。

当時の資料の中には、この像が忠清道の村から運びこまれたという報告がある。だから、大型の半跏思惟像がもっぱら新羅において作られたなどと断定することはできない。

要するに、先ほどの説は前提そのものが不確実なのである。

もちろん歴史上のことがらが、つねに確実な証拠をともなっているわけではない。そこには想像でもって補わなければ見えてこないこともたくさんある。それは言うまでもない。

それにしても、推論のうえに推論をかさねたり、確実でない前提をもとに議論をすすめてみたところで、事実は明らかにならない。

高句麗で作られた仏像については、まだわからないことだらけだ。いつか韓国と北朝鮮が統一されれば、高句麗の仏像についても、いろいろなことがわかってくるだろう。そのうえで三国時代の弥勒像について、あるいは半跏思惟像について、

右：磨崖半跏思惟像（忠清南道瑞山郡）
左：徳寿宮旧蔵半跏思惟像（ソウル国立中央博物館）

じゅうぶんに検討されねばならないだろう。

断崖絶壁の像

半跏思惟像を「弥勒」と呼んだ例は、今のところ韓半島でも見つかっていない。

それにしても、わたしたちは、半跏思惟像イコール弥勒、と頭から決めすぎていないだろうか。どうしても京都の広隆寺《こうりゅうじ》にあるあの半跏思惟像が思いうかんでしまう。もっとも、あの像だって弥勒と呼ばれてはいるが、確実な根拠などどこにもない。

広隆寺半跏思惟像（京都市）

半跏思惟像を「弥勒」と銘記したのは、大阪の野中寺《やちゅうじ》にある像がもっとも古い。これには「丙《へい》寅《いん》」という干支もある。西暦で六六六年にあたると推定されている。

それ以前に作られた半跏思惟像は、すべて野中寺の例からさかのぼって、弥勒と呼ばれているにすぎない。

それでは、三国時代の韓半島に弥勒の像はなかったか、というと、もちろんそんなことはない。銘文によって確実に弥勒と呼べる像は、ちゃんとある。

慶州の西に断石山《タンソクサン》がある。山頂の近くには、巨岩が三面に切り立っており、あたかも石室のようになっている。そこに上人巌《サンインアム》と呼ばれる寺院のあとがある。かつては神仙寺《シンソンサ》と呼ばれていた。

岩壁には仏像がたくさん彫りつけてある。六世紀のものと推定される銘文があり、「弥勒石像一区、高さ三丈、菩薩二区」と刻まれている。高さ三丈などという大きな像は、他に見あたらないから、左はしのもっとも大きな像が弥勒にちがいない。立った姿で、高さは七メートルある。

巨大な弥勒像は中央アジアで作られた。中国でもたくさん作られた。残っているものもあれば、記録だけで知られるものもある。それが韓半島へも伝えられたのだ。

断石山神仙寺弥勒石像（慶尚北道月城郡）

うしろ戸の神

ところで、中国にはもうひとつ弥勒像のタイプがある。

でっぷりしたおなかを丸出しにして、大声で笑っている、あの布袋《ほてい》さまが、じつは弥勒なのだ。

布袋さまの正体は、契此《かいし》という変人の坊さんだという。唐の末ごろ、九世紀はじめの

布袋像（霊隠寺飛来峰、浙江省杭州市）

人。もっとも、その奇特な生きざまが語られるようになったのは、残っている文献による限り、早くて十世紀の終わりである。

九八八年にできた『宋高僧伝』によれば、この契此和尚さん、背がひくく、おまけにデブだった。言うことはめちゃくちゃで、どこでもゴロッと寝てしまう。でかい布袋《ぬのぶくろ》をかついでうろつきまわり、もらったものはかたっぱしから放りこむ。いつしか布袋《ほてい》先生と呼ばれるようになった。遺言が伝わる。「弥勒さまは、百千億にも姿を変え、ときどき世に現れなさるが、だれもそれに気づかんのさ」。

べつにわれこそ弥勒だと名のったわけではない。けれど、こんなことばを残したばかりに、布袋先生その人が弥勒の生まれ変わりということになってしまった。

一〇〇四年にできた『景徳伝灯録《けいとくでんとうろく》』にも伝記がある。寒山《かんざん》と拾得《じっとく》の次に出てくる。やはり風狂の人として語られている。

交脚の弥勒はスマートな青年だが、布袋の弥勒はみっともない中年である。でも、あのふとっぱらな笑いは、なにもかも包みこんでしまいそうだ。そこになんともいえない安らぎがある。

それからのちの中国では、弥勒像といえばこの布袋の姿に決まってしまった。

布袋の弥勒像は、本尊である釈迦像の裏仏《うらぼとけ》になっていることが多いという。うしろ戸にまつる、というのは、なかなか意味深長である。白蓮教徒の守り神もこの布袋弥勒であった。

巨像の系譜

韓国にもどろう。

金山寺弥勒像（全羅北道金提郡）

韓半島で弥勒の巨像がたくさん作られたのは、第一章で述べたように高麗時代である。しかし、三国時代にも作られた。新羅が半島を統一したあとも作られている。

全羅北道《チョルラプクド》の金山寺《グムサンサ》には、弥勒殿と呼ばれる三階建てのお堂がある。中は吹きぬけになっており、木造の弥勒像が天井を突きぬけるように立っている。これは一九三八年に再建されたもので、もとは銅像だった。八世紀に作られたという。

金山寺の弥勒像を作ったのは、新羅の真表《チンピョ》と伝えられる。

真表については、『三国遺事』に伝記がふたつある。

こまかなところにずいぶん違いがあるが、大事なところは共通している。

真表は十二歳で出家した。こころざしをいだいて山に入り、はげしい修行をした。体を石に打ちつけたため、腕がもげてしまった。お地蔵さまが現れて手当をすると、腕はもとどおりになった。なおも修行をつづけていると、こんどは弥勒が現れ、占いに使う木の棒をくれた。真表はおしいただいて山を下り、金山寺に高さ十六丈の弥勒像を作らせたという。

この話で大事なのは、「地蔵」と「弥勒」と「占いの木の棒」である。

このうちの「地蔵」と「占いの木の棒」とを結びつけるのは、『占察経《せんさつきょう》』というお経である。ふたつの伝記の中にも、このお経の名が出てくる。一方では、真表が師匠からこのお経をさずかったとあり、もう一方では、弥勒からさずかったことになっている。

占いのお経

『占察経』とはどんなお経か？

ひとことで言えば、占いのお経である。とりわけ、末法の世に生きる人々のために説かれた。こんなことが書いてある。――

正法がほろび、像法の時代も終わって、いよいよ末法の世にはいる。世の中は乱れて、人々は恐れおののくだろう。そのとき人々を教え導いてくれるのは、地蔵菩薩である。地蔵は末世の苦しみにある人々に占いの方法を教える。「木輪相《もくりんそう》」という木の棒を使って占うのである。人々に、積もりに積もった来《こ》しかたの罪をわきまえ、行《ゆ》くすえの身の吉凶を占うことをすすめる。――

この木輪相というのが、真表の伝記に出てくる「占いの木の棒」のことだろう。

『占察経』には、木輪相の作りかたが書いてある。木をきざんで小指ほどの大きさにし、六つの面を作って、両はしをななめにけずる。チビたえんぴつみたいだ。これを三本作る。全部で十八の面に数字を書けばできあがり。ころがして出た数を合計する、とある。

占いのなかみは百八十九とおりだという（どうやって計算したらこうなるのかわからない）。たとえば、数が四十九になれば、富を求めると財産が満ちあふれるそうだ。五十なら、官位を求めれば得られる。五十一なら長寿が得られる、などなど。奥さんやおめかけさんがほしければ、思いどおりに手にはいる、などというすごいのもある。

そこには『易経《えききょう》』に書かれているのと同じような項目がいくつかある。『易経』は中国における占いの元祖である。そこからの影響があきらかに認められる。だから『占察経』は、インドで作られたのではなく、中国で作られた疑経と見なされている。

お地蔵さまが人々に救いの方向を示そうとして、占いを教えるとある。そこがだいじなところだ。そのため、『占察経』は地蔵信仰にとってたいせつな経典のひとつとして重んじられてきた。

真表は、この『占察経』を広めた人であった。

『占察経』にもとづいて占いをする仏教の儀式を、占察法会《せんさつほうえ》と呼ぶ。新羅では占察法会がさかんにもよおされた。そのニュースは、本家の中国にまで伝えられたという。

では、このお経は弥勒とどのようにかかわっているのか？

地蔵と弥勒

まず、『占察経』にとっていちばんだいじな地蔵から考えてみたい。

「地蔵」とは、インドのことばで「大地をやどす」という意味である。もとは大地の神さまのようなものだから、「大空をやどす」という意味の虚空蔵《こくうぞう》菩薩とは親戚である。どちらもインドで生まれ、いっしょにまつられたりしたが、そんなにさかんには信仰されなかった。

地蔵がおおいに信仰されたのは、中国であり、韓国であり、日本である。

地蔵の信仰が少しずつ広まってきたのは、南北朝時代の終わり、六世紀の中国であった。

なぜ六世紀なのか？

地蔵は大地の神であるから、地下にいる人々、つまり地獄に落ちた人々を救う者として信仰されている。死んで地獄に落ちてしまったら、他のどんな仏さまも、もう助けてくれない。地獄まで降りてきて助けてくれるのは、お地蔵さましかいない。だからお墓の入り口にもまつられるのだ。地獄の救済者としての地蔵。

そのような役割が、もっともよく知られている。しかし、地蔵の役割はそればかりではない。六世紀の中国で地蔵が信仰されたのは、もっと別な理由からである。それは、釈迦が亡くなり、弥勒がまだ世に現れない、この中間の、仏のいない時代に、わたしたちを導いてくれるという。そういう役割において、信仰されたのである。

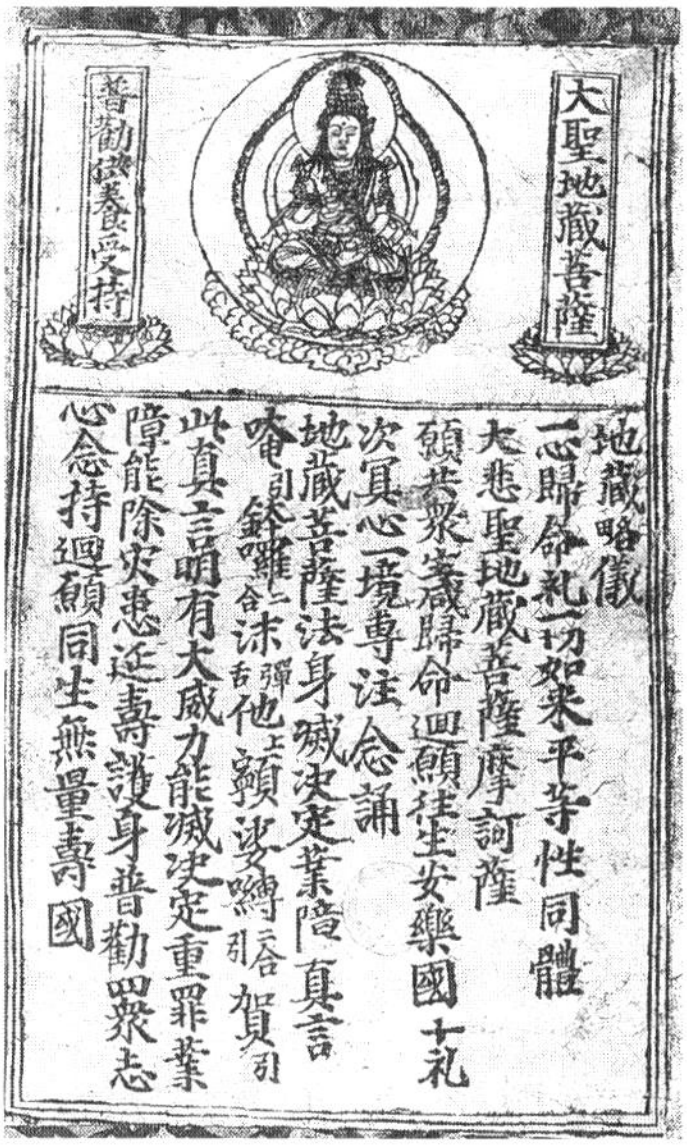

地蔵菩薩像（敦煌版画、フランス国立図書館）

釈迦が亡くなって、すでに遠い年月が過ぎ去った。しかも弥勒はまだしばらく現れそうにない。谷間の時代にいるという不安は、中国の仏教信者のあいだには、早くからあった。しかし、それが強くなったのは、やはり末法の時代になってからだった。だから六世紀なのである。

仏なき時代

末法時代に生まれた三階教《さんがいきょう》では、地蔵がとりわけ信仰された。三階教に代わって浄土教《じょうどきょう》が台頭すると、地蔵信仰もその中に取りいれられた。そして唐の時代には、観音信仰にややおくれて、さかんに信仰されるようになった。

末法時代が到来してから、末法の世にあって人々を導いてくれる存在として地蔵が注目されたのである。地蔵のありがたさを説いたいくつかの経典は、たいていこのころ中国で作られた。『占察経』もそのひとつと考えられている。

弥勒が現れるまで橋わたしの役目をはたしてくれるのが地蔵なのだ。だから、真表にとって地蔵の信仰は、やがて弥勒の信仰へとつながっていくものであった。『占察経』をひろめ、占察法会をもよおすことは、弥勒信仰へといたる一段階なのである。

金山寺の弥勒像が作られたのは、上述のとおり八世紀と伝えられる。すでに統一新羅の時代である。弥勒像が作られたのは、社会の混乱が原因というわけではなかろう。むしろ仏なき時代の不安によるのだろう。

同じ思いは中国にもあった。しかし韓半島は、釈迦の生まれたインドからすれば、中国よりもさらに遠くにある。仏を身近に感じられない、という思いは、よりいっそう強かったかもしれない。

韓半島の阿弥陀信仰

中国では弥勒の信仰に代わって、阿弥陀や観音や地蔵が信仰されるようになった。

しかし、韓半島では弥勒の信仰がおとろえることなく、そこに地蔵信仰が加わった。

さらに阿弥陀の信仰までも、弥勒に結びついたのである。

『三国遺事』にこんな話がある。――

新羅の北には白月山《ペクワォルサン》という高くけわしい山がそびえている。

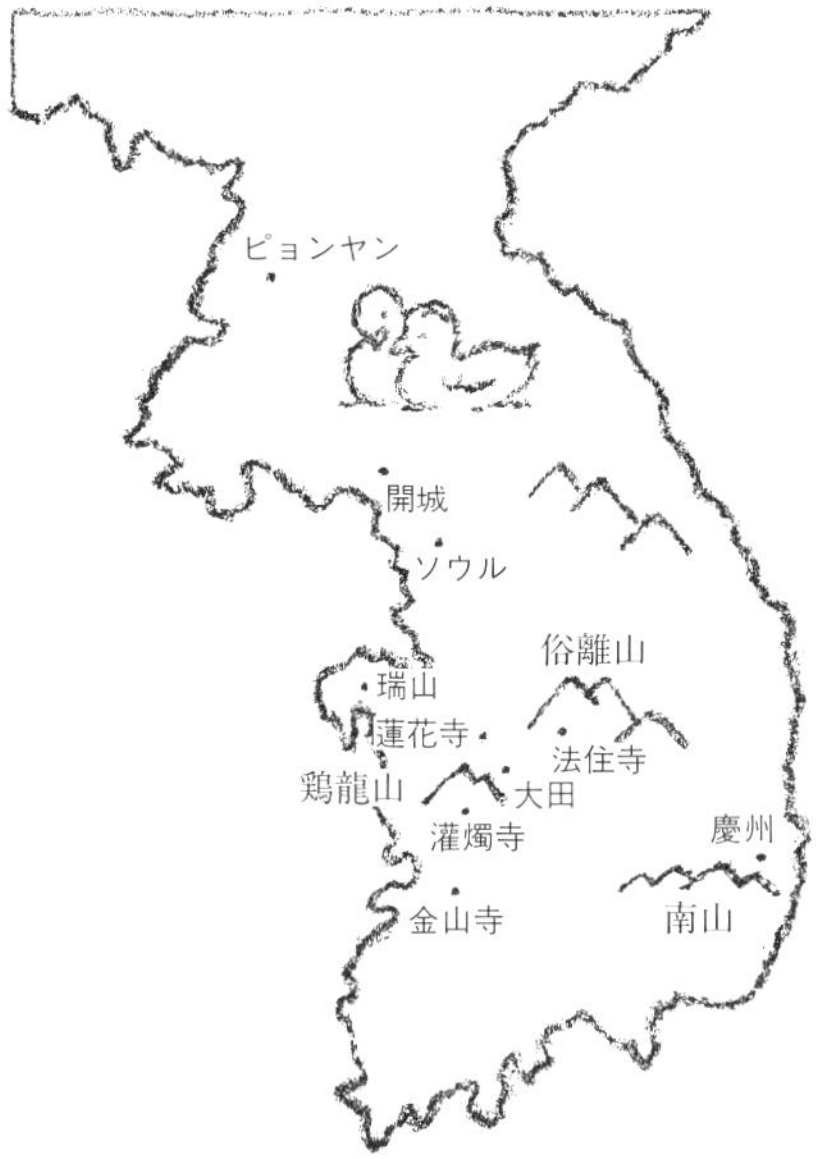

ふもとの村に夫得《プドゥク》と朴朴《パクパク》というふたりの坊さんがいた。ふたりはなかよし。あるとき同じ夢を見て、山に入っていった。それぞれいおりを結び、夫得は弥勒に祈り、朴朴は阿弥陀を心に念じつづけた。

ある日のひぐれどき、若い娘がやってきて朴朴のところに泊まらせてほしいとたのんだ。朴朴はいましめを破ることをおそれ、修行の身だからといってことわった。

娘は夫得のいおりをたずねた。山中で日

もくれようとしていたので、ふびんに思い、夫得は泊めてあげることにした。夜中に娘は産気づいて赤ちゃんを産んだ。お湯を浴びたいと言う。あわれに感じて夫得は娘にお湯をそそいでやった。すると湯から香りがただよい、金色の水に変わった。夫得がたまげていると、娘はいっしょにお湯を浴びましょうと言う。夫得は言われるままにした。夫得の肌が金色になった。娘はたちまち観音の姿になって消えてしまった。

朴朴は、相棒がいましめを破りはしないかと心配して、そこへやってきた。夫得は弥勒の姿になって光を放っている。思わずぬかづいて、夫得をおがんだ。まだ残り湯があるから浴びろと夫得が言う。朴朴が金色の湯を浴びると、たちまち阿弥陀になって、ふたりは向きあった。

ふもとの村びとたちがこのことを聞きつけてやってきた。ふたりは教えを説いてから、雲にのって去っていった。のちに新羅の王さまがここにお寺を建てさせた。白月山南寺《ナムサ》という。金堂に弥勒像をまつり、講堂には阿弥陀像をまつったという。——

南寺の建立は、七六四年のこととされる。

韓半島には、弥勒の生まれ変わりというだけでなく、生身の人間がそのまま弥勒になる、という発想がしばしば見られる。上の場合は、それが権力の側に立つわけでもなく、反抗する側にいるわけでもない。しかし、統一新羅も末期になると、いずれかにかかわる事例が社会の表面に現れるようになる。

弥勒を名のる者

統一新羅の末期には王権がおとろえ、社会は乱れた。韓半島はまたもや分裂する。八九二年に甄萱《キョンフォン》が後百済国を建て、九〇一年には弓裔《クンイエ》の後高句麗国がついで起こって、ふたたび三国がならび立った。

後高句麗を建国した弓裔について、『三国史記』は次のように伝える。——

弓裔は新羅の王族の子として生まれた。生まれたときに不吉の相があったため、殺されそうになった。これを乳母が助け、抱いて逃げた。そのとき片目を失ったという。十歳になったとき、国に捨てられたことを知った。弓裔は泣いて、乳母のもとを離れ、寺に入った。殺されかけたうらみは忘れない。新羅がだんだん落ち目になると、寺を出て、賊軍に加わった。やがて頭角をあらわし、手下のものたちからあおがれて、とうとう国を建てるまでになった。

そのとき弓裔は、みずから弥勒と名のった。金の冠をかぶり、飾りたてた白馬にまたがって外出する。おさない子どもたちが花を手にして先を行き、二百人もの坊さんがご詠歌《えいか》をとなえながらあとに従った。二十巻というお経を作ったが、でたらめなものであったという。——

これは一見すると、中国で国家に対する反乱勢力として、弥勒の名をかたる者が現れたのに似ている。しかし、ここで注意しなければならないことは、弓裔が弥勒を自称したのは、支配者になってから後という点である。

半島を超えた脅威

弓裔の配下から出た王建《ワンゴン》は、九一八年に後高句麗をうばって高麗《コリョ》王朝を建てた。九三五年には新羅を併合し、翌年には後百済を滅ぼして、半島を再統一した。

さて、新しい王朝ができて人々の暮らしはよくなったか？　とんでもない。税金は高くなる。賦《ふ》役《えき》は多くなる。農村はすっかりさびれてしまった。新羅の終わりごろから起きた農民の反乱は、ますますひんぱんになる。

そのうえ、中国からの圧迫は高麗時代をつうじてやむことがなかった。侵略がくりかえされ、一時は首都の開城《ケソン》まで占拠されるありさまだ。とりわけ元の襲撃はすさまじく、半島全土はまったく荒廃した。それに追い打ちをかけるように、倭寇《わこう》が沿岸部を荒らしまわったのである。

このような中で、統一新羅の後半にすでに人々の意識のうちに現れた末法時代への危機感は、いよいよ増大した。

社会が混乱し、末法への不安が高まる中で、弥勒信仰は前にもましてさかんになった。巨大な弥勒像が作られ、地上出現の姿をかたどった弥勒像が作られたのである。

韓半島では、弥勒を信仰することと弥勒の像を作ることが、しばしば結びついている。ところが中国では、疑経に語られたような信仰は、弥勒像を作ることには直結しなかった。場合によっては、かくれて信仰するのだから、像はいらない。いやあってはまずい。あったとしてもそれは歴史の表面には現れないだろう。

韓半島でさかんに弥勒が信仰され、弥勒像が作られた。それは、弥勒の到来が体制側からも望まれたためではないか。韓半島を超える、もっと大きな脅威が、つねに彼らのまわりにあったからではないか。

ここでもう一度、灌燭寺《クアンチョクサ》にもどりたい。

灌燭寺（1970年頃撮影）

からっぽのお堂

灌燭寺の弥勒像の前には、小さなお堂がある。それほど古いお堂には見えない。韓国にはあまり古い建物は残っていないから（その責任の一端は日本にもある）、高麗時代のものではないだろう。古くても朝《チョ》鮮《ソン》時代か、もしかしたら日帝《イルチェ》時代のものかもしれない。日本が韓国を植民地にしていた時代を、韓国ではこう呼ぶ。

お堂へ入ってみたら、中はからっぽだった。ふつうお寺のお堂には仏像が置いてある。本堂でなくても、坊さんたちがごはんを食べる食堂《じきどう》でも、小さな仏像くらいは置いてあるものだ。それがこのお堂にはない。仏像がないお堂である。

お堂の中はからっぽ。そのかわり、うしろの壁に窓があいている。窓をのぞくと、ずっとむこうにあの巨大な弥勒像の顔が見えた。

どうしてこのお堂には仏像がないのか？

仏はここにはいない、ということなのか？　今は仏のいない世の中だからか？

これからも仏はいないのだろうか？　そんなことはない。窓のむこうに弥勒がいる。窓のずっとむこうだけれど、弥勒はたしかにいる。

今ここに、弥勒はいない。弥勒と顔をあわせることができるのは、それはずっと先のことかもしれない。しかし、弥勒はきっと来てくれる。弥勒はちゃんとむこうに立っている。

今の世に救いはないのかもしれない。しかし未来にはきっとある。明日は遠いかもしれない。しかし、きっと明日は来る。弥勒はちゃんとこっちを見ている。……

いつこのお堂が建てられたのか？　それはどんな時代だったのか？　どんな思いで人々はこのお堂を建てたのだろう？　今となっては知りようもない。けれどそこには、未来に希望をつないでいる、そういう人々がいたような気がする。そのとき人々は、ひたすら未来にだけ希望をつないでいたのではないか。

なんのための窓？

このあいだ、ひさしぶりに灌燭寺に行ってみたら、弥勒像の前の小さなお堂はとりこわされて、新しいお堂が建っていた。西暦二〇〇〇年に建てかえたそうだ。大雄宝殿《だいゆうほうでん》（これは日本では金堂《こんどう》にあたる）や長屋門《ながやもん》のような門まで新築されていた。

弥勒像の前のお堂は、ずいぶん立派になったとは言え、なかみは前と変わりない。お堂の中に仏像はなく、うしろの壁に窓があいている。弥勒の顔が窓ごしにのぞめるようになっている。ただちょっと窓が大きくなったので、前には見えなかった石灯籠《いしどうろう》も見えるようになった。

大鳥寺弥勒像前の堂（忠清南道扶余市）

大鳥寺《テジョサ》の弥勒像の前にも小さなお堂がある。像は高麗時代のものとされるが、建物はそんなに古そうには見えなかった。そこも同じように、中に仏像がなく、うしろの壁が窓になっていて、むこうに弥勒の顔が見える。

弥勒《ミルク》浄土教《ジョンドキョ》という新興宗教の本殿も同じだった（この教団については、あとでまたふれたい）。

どうしてそういう建物にしたのか、教団の若い坊さんに聞いてみた。

弥勒浄土教本殿の窓（忠清南道公州市）

答えはこうだった。

釈迦はさとりを開いて（真理にめざめて）、どっかりと座っておられる。弥勒はまださとりを開いていない修行中の身である。仏教のことばを使えば、菩薩ということになる。修行中であるから、外にいて歩きまわっている。だから弥勒は外におまつりするのである。そのお姿を本殿の中からでもおがむことができるように窓をあけたのだ、と。

若い坊さんは熱心に説明してくれた。やはりそれなりの解釈があるのだろう。

灌燭寺で筆者が思ったことは、もしかしたら見当はずれだったかもしれない。

しかし、ほんらいなら仏像があるはずのお堂に仏像がなく、お堂のはるかむこうに弥勒の姿が見える、ということの意味を考えてみたかったのだ。そういうお堂を建てた人々の思いについて、思いめぐらせてみると、なにか圧倒されるものがある。どうにもならないあきらめのはてに、それでもしがみついている。……信仰というもののひとつの極点が、そこにあるように感じられてならなかった。

弥勒の国

韓半島における弥勒の信仰は三国時代にはじまった。高句麗についてはよくわからないが、百済でも新羅でも弥勒はさかんに信仰された。新羅が半島を統一したあとも、その信仰はおとろえることがなかった。高麗時代にはなおさらさかんになった。その後は朝鮮時代をへて、やがて日帝支配という苦難の時代の中で、弥勒を救世主とあおぐ新興宗教がたくさん現れた。

石弥勒（全羅北道井邑郡）

韓半島ほどに長きにわたり多くの人々によって弥勒が信仰された地域は、アジアの仏教圏では他に例を見ない。たびかさなる外国の侵略をこうむった韓半島の歴史の中で、弥勒は人々の心のささえとして信仰されつづけてきたように思える。

韓国のいなかを歩くと、あちこちに――ちょうど日本のいなかのあちこちに石のお地蔵さまがあるように――石の弥勒がある。どこが弥勒なのかわからないけれど、とにかく弥勒と呼ばれている。石の仏さまなら弥勒仏《ミルクプル》。大きな岩なら、それは弥勒岩《ミルガム》である。

村の入り口にむやみに立っている長丞《チャンスン》という守り神みたいなものだ。福がさずかりますように、病気がなおりますように、赤ちゃんが生まれますように、……長丞に祈るようにして、人々は弥勒に祈っている。

弥勒の信仰は人々の生活に深く根をおろしている。

エピローグ

ヴェトナムへ

トーゴー・ビール

フィンランドのお酒に、トーゴー・ビールというのがある。ラベルには軍服を着たヒゲもじゃのじいさんが描かれている。

日本なら、さしずめキリン・ビールというところか。ラベルには軍服を着たヒゲもじゃのじいさ

なんとそれは東郷平八郎《とうごうへいはちろう》なのである。

言わずと知れた日露戦争の英雄。日本海海戦でロシアのバルチック艦隊をやっつけた海軍総司令官である。なんでそんな昔の日本人がフィンランドのビールになっているのか？　今の日本で東郷平八郎の顔がブランドになっているものなどありはしない。それどころではない。ある大学でこの話をしたら、東郷平八郎の名前を知っている学生はひとりもいなかった。

フィンランドは北欧の小さな国である。そのとなりにはロシアがある。フィンランドの何十倍もの大きさである。フィンランドとロシアのあいだには、フィンランドよりもさらに小さいリトアニアがある。先ごろロシアから独立した国である。フィンランドだってかわりがない。長い歴史の中では、つねに侵略の危機にさらされてきた。ときには領土を失うことさえあった。

フィンランドとロシアでは大きさが違いすぎる。これではケンカにならない。フィンランドは負けっぱなし。勝ったためしがない。いつもいじめられ、ひどい目にあわされつづけてきた。一度くらいロシアを負かしてみたい。……とてもじゃないが、無理な相談だ。

ところが、ユーラシア大陸の東のはずれには、小さいくせにロシアをぎゃふんと言わせた国があるというではないか。しかもあのにっくきバルチック艦隊をやっつけた。あっぱれニッポン！　あっぱれトーゴー！　これはもうビールのラベルにおまつりして、一杯やるしかない。

日本ではとっくに忘れられた海軍の大将が、かの国で今なお英雄だとは、どういうことか？

いつもいつも大国に苦しめられてきた小さな国の思いが、そこにはあるだろう。

大きな国のすぐ近くにある小さな国というのは、どこも同じかもしれない。ポーランドもトルコもそうである。韓国もヴェトナムもそうだった。チベットは今も苦しめられている。中央アジアも同じである。

民衆宗教の教団

ヴェトナムは十世紀に大越《ダイヴェト》という国を建て、千年にもおよぶ中国支配から脱出した。しかしそののちも、中国の干渉を受けつづけた。やっとそれがおさまったと思ったら、こんどはフランス人がのりこんできて、植民地にしてしまった。

金持ちはすぐに支配者にすりよる。泣くのはいつも貧乏人である。

ときの阮《グエン》朝は儒教を国教とした。仏教は軽んじられた。しかし、苦しんでいる多くの人々は仏教に救いを求めようとした。だが、既成の大きな教団ではどうしようもなかった。支配者にすりよる

ハロン湾（トンキン、1935年撮影）

金持ちとなんの違いもない。人々が救いを求めたのは、新しい仏教だった。それは、仏教の枠をはみだしたものだった。道教や民間信仰まで混ざりあっている。もはや仏教とは呼べないような、いわば民衆宗教だった。

宝山奇香《ほうざんきこう》（ブゥソン・キフォン）という教団が、ヴェトナム南部のメコン・デルタにある安江《アンザン》省で生まれた。

この教団は寺をもたない。僧侶の組織もない。ひたすら念仏にはげんだ。信仰によってのみ結びついた集団であった。浄土教がもとになっている。そこに道教も加わっているというが、なかみは浄土教とも道教とも関係なさそうなものばかりである。

フランスがメコン・デルタを占領し、阮朝が屈辱を強いられた十九世紀の後半に、宝山奇香は急速に大きな勢力となった。ヴェトナム南部における抗仏運動のひとつの中心となった。

宝山奇香は、弥勒の到来が近いことをとなえた。弥勒はタトソンにくだるという。タトソンとは「七つの山」を意味する。信者たちは「宝山」と呼んだ。弥勒が現れたとき、ここが世界の中心になるのだ。

兄弟げんかの話

『弥勒度世尊経《みろくどせいそんきょう》』という経典がある。

ヴェトナムの弥勒信仰について苦心の研究をまとめたフエタム・ホー・タイ氏によれば、この経典は宝山奇香によって十九世紀の後半に作られたという。もとは中国語だが、一九三九年にヴェトナム語に訳され、人々のあいだに広まった。

次のような話が語られている。――

弥勒と釈迦は兄弟だった。兄の弥勒が先に世にくだって、人々を救うことになっていた。弟の釈迦はこれをねたんで、どちらが先に世にくだるか、占いで決めようと言いだした。弥勒が目をつぶっているうちに、弥勒の杖に花が咲いた。釈迦は目をつぶったふりをして、いそいで自分の杖に移しかえてしまった。その結果、釈迦のほうが先に世にくだることになった。

じつは弥勒は気づいていた。けれどそのままにしておいて、釈迦に告げた。こんなごまかしをしたからには、きっとおまえの世の中は、ごまかしばかりがはびこるようになるだろう、と。

それから三千年のちに、弥勒は世の中をよくするため、この世にくだることになっている。二千五百年が過ぎた今、世は乱れに乱れてしまった。そこで弥勒は一番弟子の玉仏《ゴーファ》にたのんで、ひとあし先に世にくだってもらうことにした。弥勒は玉仏に、悪い者どもの行ないについてくわしく教え、こらしめておくよう命じた。――

以上が『弥勒度世尊経』のあらましである。
ここでは注目したいことが三つある。

「釈迦の世」と「弥勒の世」

ひとつ目は、弥勒と釈迦が兄弟だった（！）という伝承である。しかも釈迦は弥勒をだまして、先に世にくだったため、ろくでもない世の中になったという。いつどこでこんな話ができあがったのだろう？

じつは韓国にも似たような話が伝えられている。

朝鮮時代に巫女《ムーダン》がうたった歌（ムーダンノレ）の中に、「創世歌《チャンセガ》」というのがある。やはり、弥勒と釈迦が賭けをした。ここでは膝の上に牡丹の花が咲くことになっている。釈迦がずるをしたために、この世はとんでもないありさまになってしまった。早く弥勒に出てきてもらって、なんとかしないとこの世は救われない、という。

韓国のムーダンノレで「釈迦の世」というのは、現実の苦しい世の中のことである。理想の世界である「弥勒の世」がこれに対置されている。ヴェトナムの弥勒経典に語られていることも、基本的にはこれと変わりがない。

二つ目は、弥勒の出現が三千年後だということである。ずいぶんと早い。これは韓国の新興宗教でも主張されている。のちほど改めてふれたい。

三つ目は弥勒に先だって世にくだる玉仏である。玉仏は悪人どもをこらしめるという。中国で作られた疑経で、弥勒に先立って世にくだる月光童子《がっこうどうじ》が説かれたのと、同じような発想ではないか。

ホアハオ教の抵抗

『弥勒度世尊経』がヴェトナムのことばに訳された一九三九年、安江省の和好《ホアハオ》で、黄富数《ヒンフウソウ》という男が神がかった。彼はみずから宝山奇香のあとつぎを名のって、ホアハオ教を創始した。メコン・デルタ一帯に教えを広め、すさまじい勢いで信者を獲得していった。フランスはこれを脅威とし、弾圧を加えた。ついに信者らは武装勢力をもつにいたった。

ホアハオ教もやはり寺院はもたない。僧侶の組織もない。あるのは熱烈な信念だけである。それは、今は苦しい生活でも、千年たつと夢のような幸せな時代がくるという信念である。死んだら天国に行くのではなく、この地上に楽園を実現させるのである。そこは貧乏もなく、差別もなく、白人にしいたげられることもない社会だという。

信者たちは抗仏運動を展開し、太平洋戦争後は民族統一戦線（ヴェトミン）に加わった。

かつて読売新聞社のサイゴン特派員をつとめた小倉貞男氏は、ヴェトナム戦争さなかの一九六九年に、ホアハオの村をおとずれている。機関銃をとりつけたモーター・ボートがむかえにきた。警察の監視をのがれ、ものすごいスピードで川をさかのぼる。教団の本拠地がある村は、サイゴン政府の手さえとどかない、ホアハオの「国」だったという。

そこの信者は次のように語った。

「ホアハオが民衆に支持されるのは、この土地の条件が理由なのです。みなさんは、メコン・デルタは豊かで、コメはたくさんとれる、と言いますが、現実にこの土地で暮らしていると、洪水がある、日照りがある、自然はいつも違う、毎年同じではない。洪水のときは、なにもとれない、日照りのときは、ひからびてしまい、石ころごろごろです、どうしたらよいか、わからない。農民は苦しいのです。既成の宗教は、寺は立派だが、信徒は苦しい。これでいいのか。それがホアハオができた背景にあります。教祖は神託によって、日本を頼りにしたが、結局だめだった。そして共産党に殺された。だが、農民の気持ちはだれが知っているのか。サイゴン政府だって、なにもわかろうとしない。わたしたちは、サイゴン政府にも反対するのです」と（小倉貞男『ヴェトナム　歴史の旅』朝日新聞社、二〇〇二年）。

クアンガイの農村（アンナン、1935年撮影）

ホアハオ教はその後も反政府運動をくりかえし、やがて歴史のおもて舞台からしりぞいた。それでも今なおヴェトナム有数の教団であることは変わりない。

ヴェトナムと韓国

鶏龍山（忠清南道公州市）

今年（二〇〇二年）の夏も韓国へ行ってきた。

これまでは古いものばかり見てきたので、こんどは新しいものも見てこようと思った。

今まさにできたての弥勒信仰の教団をおとずれることができた。そこで見聞きしたことは、ヴェトナムの弥勒信仰を考えるうえでも、いろいろヒントになることが多かった。

大田から、温泉で有名な儒城《ユソン》をとおって公州に向かう途中に、鶏龍山《ケリョンサン》がそびえている。山中には名高い寺院がたくさんある。近年は新興宗教のさかんな山として知られている。

鶏龍山の裾野をまわりこむようにして、東鶴寺《トンハクサ》、甲寺《カプサ》、新《シン》元寺《ウォンサ》といった名刹を過ぎ、さらに奥へ入ったところに、弥勒《ミルク》

弥勒と天地神明の像（弥勒浄土教本部）

浄土教《ジョンドキョ》の教団本部がある。山麓には、おだやかな自然がゆったり広がっている。俗世間とは隔絶された、さながら桃源郷《とうげんきょう》のような山里だった。

コンクリート造りの本殿があり、敷地には七重石塔や石灯籠や亀石など、韓国のお寺のどこでも見られるような石造物がある。

うらの台地にあがると、まんなかに巨大な弥勒像があり、そのうしろに、弥勒像を囲むようにして、小さな石像がいくつもならんでいる。若い坊さんの説明によれば、これは「天地神《チョンジシン》明《ミョン》の像」だそうだ。

世界の中心につどう神々

そこには、お釈迦さまや観音さまの像がある。キリストやマリアさまの像もある。鶏龍山の山の神もまつっている。檀君《タングン》の像まである。檀君というのは朝鮮民族の神話の神さまである。

よくもこれだけならべたものだ。神仏混淆《しんぶつこんこう》どころのさわぎではない。もちろん、それなりの理由がある。坊さんの説明によれば、この世を動かしていくのは、すぐれた思想を持った人々である。そういう人々が世を治める時代が来る。彼らはみな鶏龍山に集まってくる。そこに弥勒がくだる。そこが世界の中心になるのだという。

宗教の違いをこえて、聖なる人々を崇拝する。これはヴェトナムの民衆宗教にも見ることができる。ホアハオ教もそうであった。もっとすごいのは、カオダイ教である。やはりメコン・デルタで生まれた。釈迦やキリストやマホメットをまつっている。孔子や老子もまつっている。『レ・ミゼラブル』を書いたヴィクトル・ユゴーまでまつっている。あらゆる宗教はひとつである、というのが基本にあるようだ。

弥勒がくだってくる鶏龍山がやがて世界の中心になる、という発想は、ヴェトナムにもあった。人々が宝山と呼ぶタトソンに弥勒がくだり、そこが世界の中心になるという。やはりこれは、何千年ものあいだ自分たちのいるところが世界の中心だといばってきた大国が、すぐとなりにあるからこそ生まれた発想ではなかろうか。

できたての信仰集団

弥勒浄土教の教えによれば、釈迦の教えは三千年のあいだつづくという。釈迦がこの世に現れたとき、世の中の規模が小さかったので、それでじゅうぶんだった。その後、世界が大きくなったので、もはやそれではたりなくなった。そこで弥勒が現れ、五万年のあいだ教えを広めるという。弥勒が世に現れるまでは、まだ少し時間がある。それまでのあいだ、弥勒の化身が現れて、人々をみちびく。わたしたち一人一人がその化身である。――教団の若い坊さんは、そう語った。

ここでは釈迦が不正をはたらいたから世の中がだめになった、とは言わない。しかし、釈迦の教えでは人々を救うのにじゅうぶんでない、という点ではヴェトナムの弥勒信仰に通じている。釈迦が世に現れてから三千年後に弥勒が現れ、すばらしい世の中が実現するだろう。それを準備するために、弥勒に先立って世に現れる人々がいる。ヴェトナムでは、それは玉仏という仏さまであった。弥勒浄土教の信者は、それは自分たちだという自負をもって生きている。

教団ができたのは三年前の一九九九年である。ミルクスニン（弥勒坊さま）という人がはじめた。弥勒の像はもとソウルにあったのを、三年前にここに移したという。現在の信者は八十人だそうだ。今まさに生まれつつある宗派なのだろう。

法住寺の大仏

二〇〇一年に俗離山《ソンニサン》の法住寺《ポッチュサ》にある弥勒像が金ピカになった。

俗離山は、韓国のほぼ中央に位置する。韓半島を横断する小白《ソベク》山脈のまんなかにある。古刹法住寺をいだく信仰の山である。

境内にある弥勒像は三十三メートルの高さで、韓国でもっとも大きな仏像である。統一新羅の時代に銅で作られた。何度も倒れたが、そのたびに再建された。現在の像は一九八九年に作りなおさ

法住寺弥勒大仏（忠清北道報恩郡）

れたものである。青銅のままだったが、ようやく全身に金箔がはりめぐらされた。弥勒信仰は今なおさかんである。

でかい仏像ならば、日本にもいくらでもある。新興宗教もたくさん生まれている。そのこと自体はめずらしくもない。しかし、韓国ではそれがなんにしても弥勒につながっている。

はじめに書いたとおり、日本では弥勒が信仰されたのは、時代も地域も限られている。かつてさかんに信仰され、今もさかんに信仰されている、とは言えない。

最後にもう一度問おう。

なぜ韓半島では弥勒なのか？　なぜ、現在ではなく未来に現れる弥勒でなければならないのか？

ふたたび、なぜ弥勒か？

サッカーのワールド・カップが日本と韓国で共同開催された。はじめのころは、「なんで韓国といっしょに？」「なんで日本といっしょに？」などとささやかれていたようだ。

しかし欧米人から見たら、日本だ韓国だと言ったところで、ユーラシア大陸のすみっこの、ちっちゃな半島とちっちゃな島にすぎない。手をとりあってやればよいのだ。

さて、実際に開催してみれば、たいへんなこともあったろうが、ふたつの国の仲は急速に接近した気がする。とくに若い人々のあいだでは、あまりこだわりがないらしい。これからもっとその距離は縮んでいくだろうか？

しかし、おたがいをよく知らないで、ほんとうに仲良くなるなんてできっこない。おたがいの過去と、過去におけるかかわりあいを抜きにして、よい関係をきずくことができるのか？

韓国の友人たちは、じつによく「歴史認識」ということばを使う。過去に起きたできごとと、できごとの意味を理解しあうことなしに、心をかよわせあうなどというのは、考えられない。あったことをなかったことにして、すますことはできないのだ。もちろん「あったこと」のなかみを、きちんと明らかにすることが必要である。

それは弥勒の信仰などという問題と無関係ではないか、と言う人がいるかもしれないが、筆者はそうは思わない。

なぜ韓国の人々が弥勒を信仰しつづけてきたのか、と問うことの中に、その答えではないにしても、重要なヒントがあると思う。

それは韓国だけの問題ではないだろう。なぜアジアの人々は弥勒を信仰しつづけてきたのか？

それを問うことがアジアの過去と現在と未来を考えるうえで、ひとつの手がかりになるだろう。

ヴェトナムのたどった歴史もまた苦難の連続であった。身勝手な国々のあいつぐ侵略と支配と抑圧の中で、人々は弥勒を信仰し、明日の到来を待ちつづけた。弥勒信仰は困難のただなかにいる人々のささえとなった。ヴェトナムは独立を達成した。
弥勒を信仰しつづけてきたということの中に、苦難にありつつも希望を未来にたくしてきたアジアの姿がある。

苦しみのアジアがあった。
けれど、希望を捨てないアジアがある。

参考文献

サンスクリット本『弥勒への約束』のテクストは以下を用いた。

Sylvain Lévi, "Maitreya le consolateur", *Études d'orientalisme publiées par le Musée Guimet à la mémoire de Raymonde Linossier*, II, Librairie Ernest Leroux, Paris 1932.

Prabhas Chandra Majumdar, "Ārya Maitreya vyākaraṇam", *Gilgit Manuscripts*, IV, Sri Satguru Publications, Calcutta 1959.

石上善応「ネパール本 "Maitreya vyākaraṇa"」藤田宏達博士還暦記念論集『インド哲学と仏教』平楽寺書店、一九八九年。

中国語訳『下生経』(竺法護訳『弥勒下生経』、訳者不明『弥勒来時経』、クマーラジーヴァ訳『弥勒下生成仏経』、クマーラジーヴァ訳『弥勒大成仏経』、義浄訳『弥勒下生成仏経』)のテクストはいずれも『大正新修大蔵経』第十四巻を用いた。

『法滅尽経』のテクストは『大正新修大蔵経』第十二巻を用いた。

『浄度三昧経』のテクストは七寺所蔵写本による校訂本(牧田諦亮監修、落合俊典編〈七寺古逸経典研究叢書〉第二巻『中国撰述経典(其之二)』大東出版社、一九九六年)を用いた。

『首羅比丘経』のテクストは敦煌写本(北京図書館敦煌遺書八二七四番)による校訂本(佐藤智水「敦煌本『首羅比丘経』点校」『岡山大学文学部紀要』二〇号、一九九三年)を用いた。

『般泥洹後比丘世変経』のテクストは敦煌写本（大英博物館スタイン二一〇九番）を用いた。

『普賢菩薩説証明経』のテクストは敦煌写本（フランス国立図書館ペリオ二一八六番）を用いた。

『洞淵神呪経』のテクストは敦煌写本（フランス国立図書館ペリオ三二三三番）による校訂本（菊地章太「洞淵神呪経誓魔品の主題」『桜花学園大学研究紀要』一号、一九九九年）を用いた。

コータン語本『弥勒との出会い』のテクストは以下を用いた。

Ernest Leumann, *Maitreya-samiti, das Zukunftsideal der Buddhisten*, I, Karl Trübner Verlag, Strassburg 1919.

Ronald Emmerick, *The Book of Zambasta: A Khotanese Poem on Buddhism*, London Oriental Series, XXI, Oxford University Press, 1968.

本文で取りあげた研究文献は以下のとおりである。

金三龍『韓国弥勒信仰의研究』同和出版公社、一九八三年（日本語版、一九八五年）。

塚本善隆「龍門石窟に現れたる北魏仏教」『支那仏教史研究北魏篇』弘文堂、一九四二年。

Antonino Forte, *Political Propaganda and Ideology in China at the End of the Seventh Century*, Istituto Universitario Orientale, Napoli 1976.

Hue-tam Ho Tai, *Millenarianism and Peasant Politics in Vietnam*, Harvard University Press, Cambridge Mass. 1983.

アジアの弥勒信仰について筆者は以下の論文を発表した。

「法顕の弥勒信仰」『古代文化』四七巻三号、一九九五年。

"The Reformed Church of the Celestial Masters and its Influence on the Formation of the Buddhist Messianic Beliefs in China", The 1st American-Japanese Taoist Studies Conference, Tokyo 1995（日本語訳「李弘と弥勒―天師道の改革と中国仏教における救世主信仰の成立」山田利明・田中文雄編『道教の歴史と文化』雄山閣出版、一九九八年）。

"Les apocryphes boudhiques chinois: État des recherches", The 35th International Congress of Asian and North African Studies, Budapest 1997.

「あの世の到来―『法滅尽経』とその周辺」田中純男編『死後の世界―インド・中国・日本の冥界信仰』東洋書林、二〇〇〇年。

"Essai comparatif sur les pensées eschatologiques en Chine médiévale", The 36th International Congress of Asian and North African Studies, Montreal 2000.

「闇をやぶる光―中国の弥勒信仰、中央アジアへ」福井文雅編『東方学の視点』五曜書房、二〇〇三年。

この中にはかんたんに入手できるものと、そうでないものがあるけれど、いずれも参考文献はできるだけくわしくあげた。弥勒信仰について興味のある方はご参照いただければさいわいである。

◆『弥勒信仰のアジア』関連年表

＊本文でふれた中国・中央アジア・韓半島の弥勒信仰にかんする主な事項をあげた。

時代［中国］	時代［韓半島］	西暦	事項
東晋・五胡十六国	三国時代	三一六	竺法護没。『弥勒下生経』（『弥勒への約束』中国語訳の一）を訳出した
		三八五	道安没。弟子とともに兜率天に生まれ変わることを誓った
		三九九	法顕、インドにむかう
		四〇一	（または四〇二）法顕、ダレルで巨大な弥勒像を見る
		（四～五世紀）	訳者不明『弥勒来時経』（『弥勒への約束』中国語訳の二）訳出
		四一三	クマーラジーヴァ（鳩摩羅什）没。『弥勒下生成仏経』『弥勒大成仏経』（『弥勒への約束』中国語訳の三、四）、および『仏垂般涅槃略説教誡経』（『遺教経』）を訳出した
		（四二〇頃）	『洞淵神呪経』巻一成立
		四二一	ダルマラクシャ（曇無讖）、『大般涅槃経』訳出
		四三九	北魏、北涼をほろぼし、北中国を統一
		四四四	北涼の沮渠氏、高昌にのがれる
		四四五	北涼の沮渠氏、巨大な弥勒像を作る
		（五世紀中頃）	沮渠京声、『観弥勒菩薩上生兜率天経』（『上生経』）訳出
		四四六～四五二	北魏、仏教を弾圧
		（四五二以降）	『浄度三昧経』成立

南北朝	
三国時代	
四六〇	曇曜、北魏の宗教長官に任命される
〔四六〇以降〕	雲岡石窟の造営はじまる
〔四八〇頃〕	エフタル、中央アジアより北西インドに侵入
四八六	北魏、戸籍調査によって僧侶の資格がない者を寺から出させる
四九四	北魏、洛陽に都をうつす
〔四九四以降〕	龍門石窟の造営はじまる
四九五	龍門石窟「牛橛造像記」
〔五世紀末〕	〔～六世紀初〕『法滅尽経』成立
五一四	北魏の劉僧紹、「浄居国明法王」を名のり反乱
五一五	北魏の法慶、「新仏」を名のり反乱
五一七	〔またはそれ以前〕北魏の劉景暉、「月光童子」を名のり反乱
五一七	北魏、奴婢の出家を禁止
〔五一八以前〕	『般泥洹後比丘世変経』(『世変経』) 成立
五一八	僧祐没。『出三蔵記集』を撰述した
〔六世紀前半〕	『首羅比丘経』成立
五二六	百済の謙益、インドにむかう
五三四	北魏の滅亡

南北朝	隋	唐
三国時代		

〔六世紀〕	高句麗の「永康七年」銘弥勒像光背
〔六世紀〕	新羅の断石山弥勒像
〔六世紀中頃〕	新羅で花郎の制度はじまる
五五二	中国における末法のはじまり
五五六	ナレンドラヤシャス（那連提耶舎）、中国に亡命
五五七	河北省曲陽県出土「思惟像」
五五八	南嶽慧思、『立誓願文』撰述
〔五六〇〕	〔〜五九四〕『普賢菩薩説証明経』（『証明経』）成立
五六二	河北省藁城県出土「弥勒破坐像」
五六六	ナレンドラヤシャス、『大集経月蔵分』訳出
五八九	隋の中国統一
五九四	法経ら、『衆経目録』撰述
六一八	唐の建国
六一八	〔または六七八〕百済の蓮花寺旧蔵「戊寅年」銘半跏思惟像
〔七世紀前半〕	百済の益山弥勒寺建立
六六〇	新羅、百済をほろぼす
六六六	大阪府野中寺の「丙寅年」銘半跏思惟像
六六八	新羅、高句麗をほろぼし、韓半島を統一
〔七世紀末〕	則天武后の登場を予言した文献が『証明経』を引用

中国	朝鮮	年	事項
唐	統一新羅	七一三	義浄、『弥勒下生成仏経』(『弥勒への約束』中国語訳の五)訳出
		七三〇	『開元釈教録』撰述、弥勒にかんする疑経を列挙
		七六四	統一新羅の白月山南寺建立
		〔八世紀〕	統一新羅の金山寺弥勒像
		〔八〜九世紀〕	コータン語『弥勒との出会い』写本成立
		〔九〜一〇世紀〕	ウイグル語『弥勒との出会い』写本成立
		八九二	甄萱、後百済を建国
		九〇一	弓裔、後高句麗を建国
		九〇七	唐の滅亡
五代	高麗	九一八	王建、弓裔をたおし、高麗を建国
		九三五	高麗、新羅を併合
		九三六	高麗、後百済をほろぼし、韓半島を統一
		九六八	高麗の灌燭寺弥勒像
宋		一〇五二	韓半島と日本における末法のはじまり

あとがき

韓国に行ったことがある人なら、たいてい言うだろう。夜になると十字のネオンが、あちこちにかがやいている、と。みんな教会の十字架である。

韓国にはキリスト教徒が多い。人口の四分の一が信者だという。

筆者は若いころキリスト教を学んだ。そのころはヨーロッパにしか興味がなかった。それでも韓国にキリスト教の信者がたいへん多いということは聞いたことがあった。

日本でもキリスト教の教会は大きな町にはたいていある。そのわりに、信者の数は日本人全体の一パーセントにもおよばないらしい。大きな中断はあったが、キリスト教が日本に伝わってから四百年もたっている。どうも日本人とキリスト教というのは、相性がよくないのかもしれない。それに比べて韓国では、どうしてそんなに受けがいいのだろう？　よほど相性がよいのか？　韓国の人々のものの考えかた、あるいは宗教感情の持ちかたの中に、キリスト教と合うところが多いのだろうか？……韓国に行ったことのない筆者は、漠然とそんなふうに考えていた。

ヨーロッパ留学から帰ってきて、はじめて韓国へ行った。その理由がやっとわかった。はっきりとわかった。

日本はかつて韓国を植民地にした。韓国の主権をうばい、人々の住んでいる土地をうばった。日本語をたたきこみ、名前を日本名に変えさせ、神社への参拝を強制した。

日本のしたことに対して欧米の国々は、見て見ぬふりをした。これをはじめて公然と非難したのはキリスト教会であった。

明日の見えない日々の中で、人々がしがみついたのがキリストの信仰だった。今も日曜ごとに教会へかよう年輩の方々は、たいていこのとき（日帝時代から解放直後にかけて）入信したという。若い人で教会にかようのは、そのお孫さんたちである。

韓国でキリスト教がさかんなのは、日本がかかわっていた！

そんなことも知らず、韓国人の考えかたの中にキリスト教と合うところがあるのだろう、などとのんきなことを考えていたのだ。自分の無知にあきれた。

そのとき、もうひとつの疑問にぶつかった。韓国では、昔も今も弥勒の信仰がさかんだという。

なぜか？

これが本書の出発点である。

韓国の弥勒信仰を理解するためには、しかし、韓国だけを見ていてはだめなのではないか？ずいぶんおおざっぱな見方だが、東アジアでは中国文化の先進性は圧倒的である。中国の文化が周辺の国々に波及し、そこでその土地なりの展開をとげた、と見るのがやはり自然だろう。

そのような文化の流れの大きな傾向からすれば、韓半島における弥勒信仰のすべてを半島独自の現象と見なすことは、すこし無理があるかもしれない。中国の影響や類似点を見きわめつつも、そのうえで中国との相違点をさぐり、韓半島における独自性を考える必要があるのではないか。

もとより筆者としては、韓半島における弥勒信仰の展開を、たんなる中国の模倣としてとらえるつもりはない。長い歴史の中で弥勒を信仰しつづけた国は、アジアでも唯一の存在だと思う。そこでの信仰が、他の国にはない展開のありようを示したことはたしかだろう。ただ、その独自性の解明は、あくまで韓半島に先がけて弥勒信仰の変質をとげた中国との比較をへてなされるべきではないかと考える。

そのうえで、中央アジアやヴェトナムにも目をむけてみたい。そこでも弥勒がさかんに信仰されてきたとしたら、その信仰のありようをつうじて、人々が弥勒に何を求めてきたのかを考えてみたい。今日ではなく、明日現れる弥勒を、なぜ人々は信仰してきたのか。それを手がかりとして、その国々の歩いた道のりをたどってみたい。未来に希望をつないできたアジアについて知りたい。

本書の題名はこうしてきまった。

まず、中国の弥勒信仰から取り組まねばならないだろう。それにしても、あまりにも巨大なテーマである。本文に出てくる塚本善隆の論文（「龍門石窟に現れたる北魏仏教」）を読むことからはじめたい。弥勒研究の出発点はやはりここにあると思う。

この論文を教えてくださったのは、恩師の長谷川誠先生である。先生と、先生の奥さまは、公私にわたり、かげにひなたに、いつもいつも筆者を見守ってくださった。先生のことを恩師などと書いたら、おこられるにきまっている。でも、こうして研究をつづけていくことができるのは、先生がおられたからである。だから、おこられてもいい。

ほんとうならば、きちんとした研究書にまとめることをまずしなければならない。けれど、いつまでたってもまとめられないでいるうちに、こういうかたちで研究への思いを告白する機会をあたえていただいた。大修館書店の小笠原周さんのおかげである。小笠原さんがいなければ、この本はできなかった。

二〇〇二年十二月三十一日

菊地章太

[著者略歴]

菊地章太（きくち　のりたか）

1959年、横浜市生まれ。筑波大学大学院を中退後、フランスのトゥールーズ神学大学高等研究院に留学し、カトリック神学（教理神学）をまなぶ。専攻は比較宗教史。現在、桜花学園大学人文学部助教授。著書に『老子神化—道教の哲学』（春秋社）、編著に〈講座道教〉第1巻『道教の神々と経典』（共編、雄山閣出版）、訳書にシャヴァンヌ『泰山—中国人の信仰』（勉誠出版）などがある。

〈あじあブックス〉

弥勒信仰《みろくしんこう》のアジア

NDC180 256p 19cm

初版第一刷———2003年6月10日

著者———菊地《きくち》章太《のりたか》

発行者———鈴木一行

発行所———株式会社**大修館書店**

〒101-8466 東京都千代田区神田錦町3-24

電話03-3295-6231(販売部)03-3294-2353(編集部)

振替00190-7-40504

[出版情報] http://www.taishukan.co.jp

装丁者———下川雅敏

印刷所———壮光舎印刷

製本所———関山製本社

ISBN4-469-23192-4　Printed in Japan

アジアの言語・文化・歴史を見つめ直す

[あじあブックス]

001 **漢詩を作る** 石川忠久 著 本体一六〇〇円

002 **朝鮮の物語** 野崎充彦 著 本体一八〇〇円

003 **三星堆・中国古代文明の謎** ―史実としての「山海経」 徐朝龍 著 本体一八〇〇円

004 **中国漢字紀行** 阿辻哲次 著 本体一六〇〇円

005 **漢字の民俗誌** 丹羽基二 著 本体一六〇〇円

006 **封神演義の世界** ―中国の戦う神々 二階堂善弘 著 本体一六〇〇円

007 **干支の漢字学** 水上静夫 著 本体一八〇〇円

008 **マカオの歴史** ―南蛮の光と影 東光博英 著 本体一六〇〇円

009 **漢詩のことば** 向島成美 著 本体一八〇〇円

010 **近代中国の思索者たち** 佐藤慎一 編 本体一八〇〇円

011 **漢方の歴史** ―中国・日本の伝統医学 小曽戸洋 著 本体一六〇〇円

012 **ヤマト少数民族文化論** 工藤隆 著 本体一八〇〇円

013 **道教をめぐる攻防** ―日本の君王、道士の法を崇めず 新川登亀男 著 本体一八〇〇円

014 **キーワードで見る中国50年** 中野謙二 著 本体一七〇〇円

015 **漢字を語る** 水上静夫 著 本体一八〇〇円

016 **米芾** ―宋代マルチタレントの実像 塘耕次 著 本体一八〇〇円

017 **長江物語** 飯塚勝重 著 本体一九〇〇円

018 **漢学者はいかに生きたか** ―近代日本と漢学 村山吉廣 著 本体一八〇〇円

アジアの言語・文化・歴史を見つめ直す

[あじあブックス]

019 徳川吉宗と康熙帝——鎖国下での日中交流 大庭脩 著 本体一九〇〇円

020 一番大吉! おみくじのフォークロア 中村公一 著 本体一九〇〇円

021 中国学の歩み——二十世紀のシノロジー 山田利明 著 本体一六〇〇円

022 花と木の漢字学 寺井泰明 著 本体一八〇〇円

023 星座で読み解く日本神話 勝俣隆 著 本体一九〇〇円

024 中国幻想ものがたり 井波律子 著 本体一七〇〇円

025 大小暦を読み解く——江戸の機知とユーモア 矢野憲一 著 本体一七〇〇円

026 アジアの仮面——神々と人間のあいだ 廣田律子 編 本体一九〇〇円

027 山の民 水辺の神々——六朝小説にもとづく民族誌 大林太良 著 本体一四〇〇円

028 道教の経典を読む 増尾伸一郎・丸山宏 編 本体一八〇〇円

029 養生の楽しみ 瀧澤利行 著 本体一六〇〇円

030 漢詩の鑑賞と吟詠 志賀一朗 著 本体一九〇〇円

031 毒薬は口に苦し——中国の文人と不老不死 川原秀城 著 本体一九〇〇円

032 中国の年画——祈りと吉祥の版画 樋田直人 著 本体一八〇〇円

033 文物鑑定家が語る 中国書画の世界 史樹青 著 大野修作 訳 本体一八〇〇円

034 風水と身体——中国古代のエコロジー 加納喜光 著 本体一六〇〇円

035 中国科学幻想文学館(上) 武田雅哉・林久之 著 本体一八〇〇円

036 中国科学幻想文学館(下) 武田雅哉・林久之 著 本体一八〇〇円

アジアの言語・文化・歴史を見つめ直す

[あじあブックス]

2003年6月現在

037 **六朝詩人群像** 興膳宏 編 本体一七〇〇円

038 **中国の呪術** 松本浩一 著 本体一八〇〇円

039 **唐詩物語** 名詩誕生の虚と実と 植木久行 著 本体一八〇〇円

040 **四字熟語歴史漫筆** 川越泰博 著 本体一七〇〇円

041 **中国「野人」騒動記** 中根研一 著 本体一七〇〇円

042 **「正史」はいかに書かれてきたか** ――中国の歴史書を読み解く 竹内康浩 著 本体一五〇〇円

043 **現代韓国を知るキーワード77** 曺喜澈 著 本体一八〇〇円

044 **闘蟋（とうしつ）** ――中国のコオロギ文化 瀬川千秋 著 本体一八〇〇円

045 **開国日本と横浜中華街** 西川武臣・伊藤泉美 著 本体一七〇〇円

046 **漂泊のヒーロー** ――中国武俠小説への道 岡崎由美 著 本体一七〇〇円

047 **中国の英雄豪傑を読む** ――『三国志演義』から武俠小説まで 鈴木陽一 編 本体一七〇〇円

048 **不老不死の身体** ――道教と「胎」の思想 加藤千恵 著 本体一六〇〇円

049 **アジアの暦** 岡田芳朗 著 本体一八〇〇円

050 **宋詞の世界** ――中国近世の抒情歌曲 村上哲見 著 本体一七〇〇円

051 **弥勒信仰のアジア** 菊地章太 著 本体一八〇〇円

052 **よみがえる中国の兵法** 湯浅邦弘 著 本体一八〇〇円

053 **漢詩 珠玉の五十首** ――その詩心に迫る 莊魯迅 著 本体一八〇〇円

以下続刊